福祉国家の転換

連携する労働と福祉

石塚史樹　加藤壮一郎　篠田徹　首藤若菜
西村純　森周子　山本麻由美

旬報社

はじめに

篠田 徹

本書は、労働政策と福祉政策、労使関係と社会保障、雇用と社会扶助など、実際には重なり合う密接な関係の領域ながら、研究のうえではこれまで必ずしも結びつけて議論されることが多くなかったインターフェイスに、学際的に迫る試みである。

ここでの議論は、中欧、北欧の事例に焦点をしぼることで、そこで多くの発展をみせた福祉国家の今を問うことにもなる。

さらにまた、二十世紀末から顕著となるグローバル化の進展のなかで、アジア、アフリカ、ラテンアメリカとはもちろん、同じ先進国のなかでも英米や南欧とも異なる政治経済、社会文化的展開を示したこの地域を考究することは、この間ここかしこで議論されてきた資本主義の収斂と多様性をめぐる問題に、新たな一石を投ずることになる。

以上の試みを行うなかで本書は、また従来の研究書に比べて、

① 背景や周辺領域への言及を通じて問題の立体的な理解を可能にした、

② 中北欧の労働と福祉に関する先行イメージへの見直しを提起することで研究対象についての通念、通説を相対化した、

③ 日本で紹介されることが多くなかった制度の詳細な説明や運用実態などのディテールにこだわった、

という諸点において、特徴的な内容となった。

こうした背景説明や気づきの機会、そして詳細情報を提供する機会に配慮することで、本書は、研究者のみならず、様々なレベルで経済社会政策の立案や実施に関わる実践家や労働組合など関連する団体機関の役職員など、本書が議論する諸問題に関心のある一般読者にも開かれた専門書をめざすことを意図した。

最後に、本書全体を通じて提起された主張や今後の検討課題を列挙するならば、以下の様になる。

- 労働中心社会である中北欧の経路依存性が資本主義のグローバル化で顕現した。
- そこには労働中心とは異なる文化の排除という包摂の限界も見られる。
- 労働移動については、それを誰がどのような役割分担で行うかの歴史発展的な分析が必要である。
- 労働移動をめぐる集団的ガバナンスのありようを考察するうえで、それを左右する労使双方の組織率への着目が重要である。
- 労働や福祉に関わる政策や制度の進化においては、その選択肢や優先順位をめぐる政治の重要性が改めて確認される。
- 労使関係をはじめ労使のガバナンスシステムへの制度的、組織的関与が未発達な部分については、それに対する政府の労働規制のありように注目することが不可欠である。

・資本主義発達の必然的な結果として、より自由な外部労働市場の存在がどこでも見られるが、そこへの政治的対応を比較することで資本主義の収斂と多様性の錯綜を考察できる。
・労働と福祉の問題を議論する際に、両者の関係性への多角的で相互依存的な視点が重要であることはいうまでもない。
・今後は製造業中心の労働中心社会という性格において、中北欧との類似が指摘される日本との詳細な比較が求められる。

なお本書の内容の相互の関係や本書刊行の経緯については、本書の最後に改めて触れる。

［目次］

第4章 スウェーデン福祉国家の変化──アクティベーション政策を手がかりとして　山本麻由美 127

第6章 デンマークにおける積極的社会政策の変遷
——公的扶助受給者への政策アプローチを中心に　加藤壮一郎 205

第1章

ドイツにおける「ミニジョブ」という働き方の現状と課題

森 周子

本章のポイント

ドイツには「ミニジョブ」という、低賃金または短期間の労働で、社会保険料や所得税の本人負担が発生しないか、または、限定的である働き方が古くから存在する。これは、日本における所得税や社会保険料の本人負担が課されない一定所得以下のアルバイトやパート労働に類似している。ミニジョブは当初、主に副業や家計補助として従事されていた。だが、一九九〇年代以降、経済状況の変化などもあいまって、本業としてミニジョブに従事する者が徐々に増え、彼（女）らはその所得では最低生活費に満たないことから、それに上乗せして公的扶助の給付も受給するという、いわゆる「上乗せ受給者」となることが多い。

本章では、ドイツにおけるミニジョブの位置づけの変遷、現状、課題を概観する。加えて、上乗せ受給者という存在の是非と、それへの対応のあり方についても検討する。

1 ミニジョブの存在感の高まり

ドイツでは一九九〇年代以降、「非典型雇用」に従事する者が増大し、なかでも、月収四五〇€以下の雇用、あるいは、三か月以内または合計七〇日以内の短期雇用である「ミニジョブ（正式名称は「僅少労働」）」の存在感が大きい。ドイツには、①持続的なフルタイム雇用、②無期雇用、③定期的かつ生存保障に足る月額の給与支払い、④労働組合などを通じた集団的な利益代表が可能、⑤直接雇用、⑥社会保障システム（特に失業保険、医療保険、年金保険）への統合という六つの要素から構成される「標準的労働関係」という概念が存在し（Oschmiansky et al. 2014）、これらの要素をすべて満たす雇用がいわゆる正規雇用であり、これらの要素を一つでも欠く雇用が非典型雇用とされる。

ミニジョブは、正規雇用者が副業として従事したり、専業主婦や年金生活者が家計補助的に従事したり、学生などがアルバイトとして従事したりすることが多い。他の非典型雇用（週二〇時間労働以下のパートタイマー、派遣労働者、有期労働者など）が社会保険料や所得税の労働者負担を伴うのに対し、ミニジョブは、社会保険料や所得税の労働者負担が発生しないか、または、限定的である（詳細は後述）。

ミニジョブは、一九九〇年代半ば以前は副業として、または、家計補助的に従事する者が多かった。だが、それ以降は、それらの人々に加えて、ミニジョブを本業とする者も出現してきた。この場合、ミニジョブの収入のみでは生活が困難であることから、ミニジョブに従事しながら、その収入に上乗せして公的扶助（生活保護制度に相当）の給付を受給する、「上乗せ受給者」（いわゆるワーキングプア）となることが多い。

本稿では、ミニジョブという働き方が生まれた経緯と現在までの展開を概説し、ドイツにおけるミニジョブの位置付け、現状と課題、今後の展望を考察する。

2 ミニジョブとは

ミニジョブは、法律上はパートタイマーに区分され、月収四五〇€以下の「僅少賃金労働」、および、三か月以内または七〇日以内の「短期雇用」の二種類がある（**表1**）。前者は、事業主によって提供される「商業分野における僅少賃金労働」（以下「商業ミニジョブ」と呼ぶ）と、一般家庭において主に家事に従事する「家庭における僅少賃金労働」（以下「家庭ミニジョブ」と呼ぶ）に区分される。後者も、事業主によって提供される場合と一般家庭で提供される場合とがあるが、月収の上限は設定されていない。また、本業として（＝主な生計維持手段として）従事される場合はミニジョブとして認められない。

ミニジョブ従事者（以下ミニジョバーと表記）の登録・管理は、医療保険の保険者の一種である「鉱山労働者・鉄道員・海員疾病金庫」に設置された「ミニジョブ本部」が行う。商業ミニジョブの場合、事業

表1　ミニジョブの種類

	商業ミニジョブ	家庭ミニジョブ
僅少賃金労働	月収450€以下	
短期雇用	月収上限なし 3か月以内または70日以内	

出所：著者作成。

主は、書類を整えたのち、雇用したミニジョバーをミニジョブ本部に六週間以内に登録する。家庭ミニジョブの場合はより手続きが簡単であり、オンラインでの登録が可能である。

(1) ミニジョバーの数

ミニジョバーの数に関する統計は二種類存在する。一つは、連邦統計局が発表する、主要就業者（一五歳から六四歳までの就業者。ただし、学生や職業訓練生のような教育・訓練中の者、兵役従事者、ボランティア従事者は除く）に関する統計である。二〇一七年時点の主要就業者の就業形態別の内訳と推移をみると（**図1**）、正規労働者は二五七六万人（うち、週労働時間が二〇時間を超えるパートタイマーは三六七万人）、非典型雇用者は七七二万人となっている。そして、ミニジョバーの数は二一七・七万人であり、同年の非典型雇用者に占める割合は二八・二％である。ミニジョバーの数は一九九五年以降と二〇〇五年以降に急増し、〇七年以降は緩やかな減少傾向をたどっている。

次に、連邦労働・社会省（以下BMASと略記。厚生労働省に相当）の外局である連邦雇用エージェンシー（以下BAと略記）が四半期ごとに発表している就業形態別の被用者数の統計がある。それによれば、二〇一八年九月時点

図1　ドイツの被用者数：内訳と推移

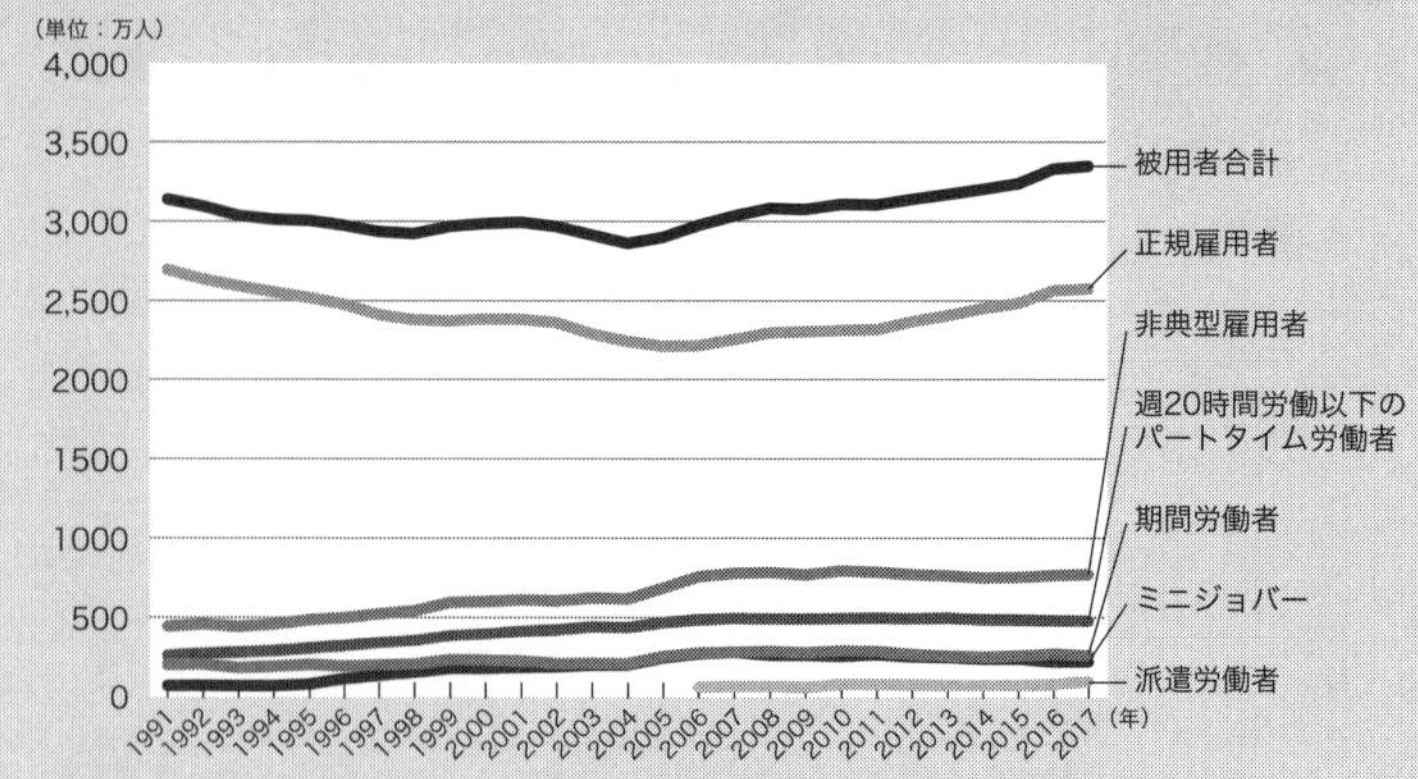

注1：期間労働者とは、期間の定めのある労働契約のもとで働く労働者をさす。
出所：Statistisches Bundesamt（2019）

の社会保険加入義務を有する被用者は三三四二万人、ミニジョバーの数は七七八・六万人（うち、僅少賃金雇用が七五二・六万人、短期雇用者が二六万人）である（BA 2019b）。連邦統計局の統計よりもミニジョバーの数が大幅に多くなっている理由は、学生や年金生活者も含まれていること、および、一人が掛け持ちして従事しているミニジョブもすべて算入されているからだと考えられる。もっぱらミニジョブに従事する者は四八二・九万人とされ、同時点のミニジョバー全体（約七七八・六万人）に占める割合は六二％である（BA 2019b）。ただし、この場合、もっぱらミニジョブに従事する者のなかには主婦／主夫も含まれるため、もっぱらミニジョブで生計を立てる者の数が明確ではない。

　以上のことから、従事されているミニジョブの数は二〇一八年時点で約七七八・六万人であるが、学生と年金生活者を除いたミニジョバーの数は一七年時点で二一七・七万人であることがわかる。

(2) ミニジョバーの属性

ミニジョバーの属性についての最新の統計は二〇一〇年と少し古いが、それを参照すると、専業主婦(夫)が四二%と圧倒的に多く、次に学生(二二%)、年金生活者(二〇%)、失業者(一〇%)、就業者(五%)、その他(一%)となっている(図2-1)。また、男女の内訳をみると、女性は圧倒的に専業主婦の割合が大きく(五八%)、男性は年金生活者(三六%)と学生(三五%)の割合が大きい(図2-2)。

さらに細かくみると、僅少賃金労働者の属性については、ミニジョブ本部の統計に詳しい(ただし、この統計には、学生や年金生活者によるミニジョブ、掛け持ちされているミニジョブもすべて一人分として算入されているという制約がある)(表2)。二〇一八年一二月時点では、まず、商業ミニジョブについては、女性が半数以上を占める。州別でみると、人口一〇〇〇人当り従事者数が多い上位三州はバーデン・ビュルテンベルク州(九四・七一人)、バイエルン州(九一・九四人)、ブレーメン(九一・三七人)であり、業種別にみると、小売・車両修繕(一一五・八万人)、飲食(八四・八万人)、医療・福祉(七二・二万人)、加工業(五〇・二万人)に多い。二〇〇四年一二月からの従事者数の推移は、ほぼ横ばいである。次に、家庭ミニジョブについては、女性が圧倒的に大きな割合を占める。州別でみると、人口一〇〇〇人当り従事者数が多い上位三州はラインラント・プファルツ州(五・〇四人)、ノルトライン・ヴェストファーレン州(四・五四人)、シュレスヴィヒ・ホルシュタイン州(四・四五人)である。〇四年一二月時点と比較すると、従事者数は三倍になっている。

図2-1　ミニジョバーの属性

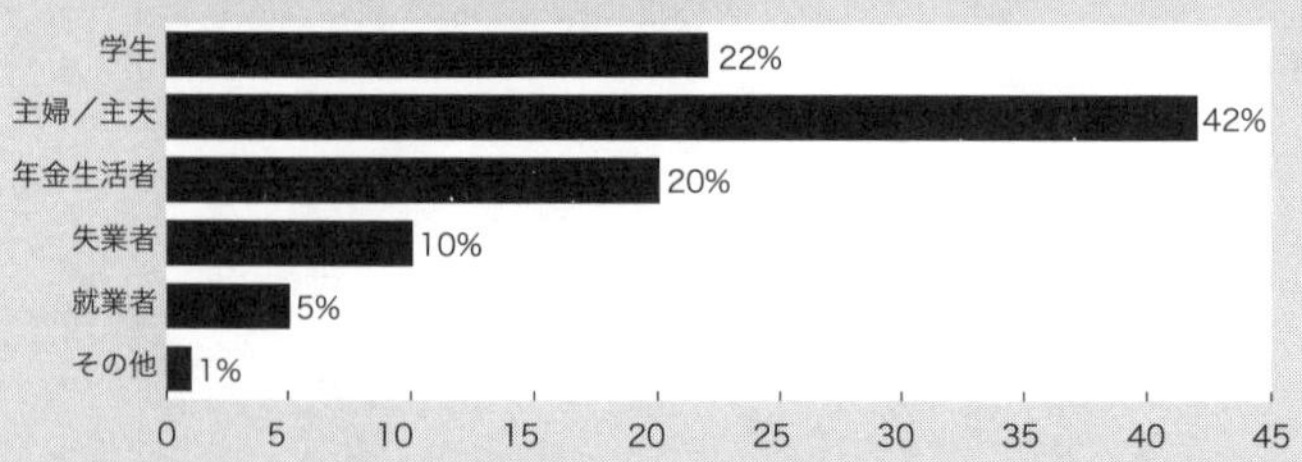

出所：Meinken et al.（2012）, 11をもとに著者作成。

図2-2　男女別・ミニジョバーの属性

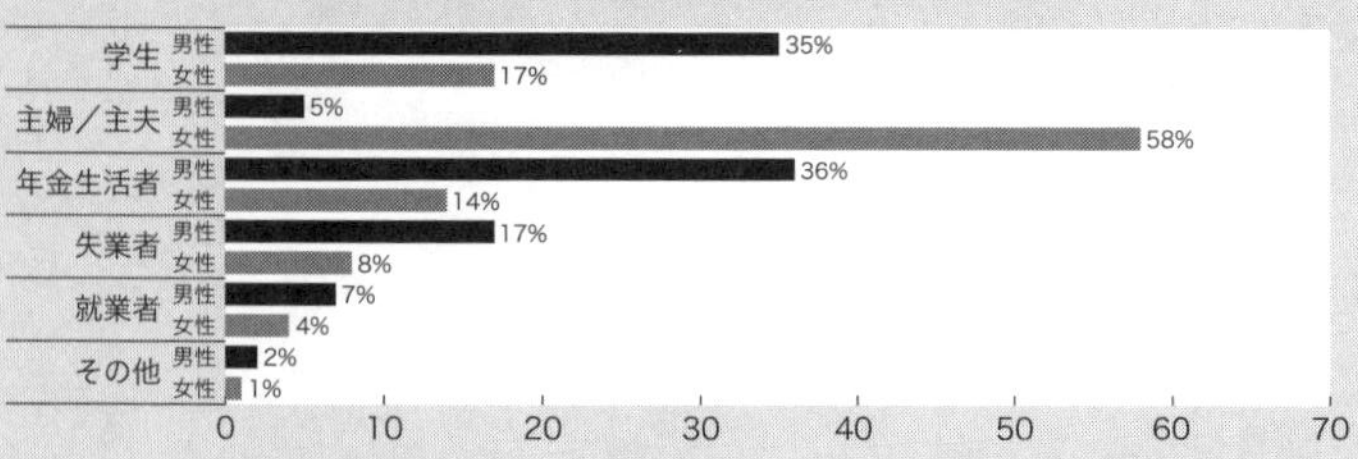

出所：Meinken et al.（2012）, 12をもとに著者作成。

表2　種類別ミニジョブ従事者数（2018年12月時点）（単位：万人）

	商業ミニジョブ	家庭ミニジョブ
全体	666.5	30.7
男性	41.1%	9.6%
女性	58.9%	90.4%
25歳未満	17.1%	3.1%
25〜65歳	67.6%	81.2%
65歳以上	15.3%	15.7%

出所：Minijob-Zentrale（2019）

次に、短期雇用者の属性については、BAの統計に詳しい。それによれば、二〇一八年九月時点の短期雇用者数は二五・九万人（うち、もっぱら短期雇用に従事している者は二〇・九万人）である。内訳は、男性一三・八万人、女性一二・二万人であり、ドイツ人が一九・五万人、外国人が六・五万人である。年齢別にみると二五歳未満が一四万人、二五－五五歳未満が九万人、五五－六五歳未満が一・四万人、六五歳以上が一・五万人である（BA 2019b）。典型的な職種としては、農作物の収穫の手伝い、クリスマス前のプレゼント包装の支援、棚卸や年度決算の手伝いが挙げられる（Warkentin 2016）。

(3) 公的扶助を受給するミニジョバーの数

ミニジョブに従事しながら公的扶助（求職者基礎保障制度。詳細は後述）の現金給付（失業手当II。詳細は後述）を受けている者はどのくらい存在するのか。BAの統計によれば、二〇一七年の失業手当II受給者（四三六・二万人）のうち、もっぱらミニジョブに従事する者は三七・六万人であった（BA 2018）。同時点でのミニジョバーの数は既述のように約二一七・七万人であったことから、ミニジョバー全体のうち、公的扶助を受給する者が占める割合は一七・三％となる。

公的扶助を受給するミニジョバーの世帯構成をみると、二〇一八年九月時点で、三四・九万人のうち、単身世帯が一五・三万人といちばん多く約四割を占め、次いで、子をもつ夫婦世帯（七・六万人）、ひとり親世帯（五・八万人）、子のない夫婦世帯（五・二万人）であった。性別は男性が一六万人、女性が一九万人であり、年齢は二五歳未満が三・四万人、二五－六五歳が二二・八万人、六五歳以上が八・八万人であった。国籍はドイツが二二・八万人、それ以外が一二・一万人であった（BA 2019b）。

3 ミニジョブの展開

(1) 僅少労働の発祥

ミニジョブの原型はすでに一九世紀末から存在していたとされる。当時は、特に年金保険に関して、副業または家計補助として僅少労働(短時間または短期間の労働)に従事した場合に、将来において少なすぎる年金額を請求する事態になることを回避する意図があった(Oshmiansky/ Obermeier 2014)。そこには、そのような低年金が従事者本人の老後保障にとってあまり意味をなさない(Oshmiansky/ Obermeier 2014)という他に、給付事務手続きが煩雑になることを避ける意図もあったと思われる。第二次大戦後も、医療保険と年金保険に関して、短期間または副業としての一定以下の収入の労働に従事する者に加入義務を課さないことを継続し、一九五七年三月には、短期間が二か月または五〇日以内と規定された(Oshmiansky/ Obermeier 2014)。

一九六〇年代には、当時の深刻な労働力不足の状況を受けて、主婦、年金生活者、学生などをたとえ時間単位ででも就業者として動員するために、僅少労働がより魅力的なものに設計された(Oshmiansky/ Obermeier 2014; Rudolph 1999, 2)。すなわち、六一年には、社会保険加入義務を有する労働が週二〇時間以上(医療保険と年金保険)および週二四時間(失業保険)と規定された。また、七七年には、社会保険加入義務のない一定収入以下の労働として僅少労働が定式化された(Voss/ Weinkopf 2012, 5)。

(2) 一九九九年改正：僅少労働の抑制

一九八九年にベルリンの壁が崩壊し、九〇年に東西ドイツが統一された。ドイツ統一後は、週労働時間一五時間未満かつ労働報酬が平均報酬額の七分の一の労働が僅少労働とされた。九〇年代はドイツ経済にとって、いわゆる「統一コスト（旧東ドイツの復興費用を旧西ドイツ国民が負担することになった）」と、経済のグローバル化の進展による「産業立地問題（使用者がドイツ国内の賃金付随費用の高さを嫌って工場などを海外に移転しようとする問題）」とに苛まれた時期であった。使用者は、重い社会保険料負担を減らすべく、正規雇用者よりも非典型雇用者、特に、社会保険料加入義務を伴わない僅少労働者を積極的に雇用しようとした。九八年時点の僅少労働は、旧西独地域では月収六二〇ドイツマルク（以下DMと略記）（三二五€に相当）以下の労働、旧東独地域では同五二〇DM以下の労働とされていた。当時の労働組合は、僅少労働への正規雇用の置き換えが生じていているとして僅少労働に批判的であった。実際に、保険加入義務のある仕事についていた者が僅少労働に仕事をかわる例は、一九九二年から九七年にかけて二五％以上の増加率で急増し、五六〇万人（被用者の一三％）に達していた（田中二〇〇三、九六）。政府の側も、当時逼迫していた年金保険財政を改善するという観点から、僅少労働者に対する社会保険の適用拡大を目指した。

そこで、一九九九年に改正がなされ（本章では「一九九九年改正」と呼ぶ）、それにより、もっぱら僅少労働に従事する者については、使用者が医療保険料相当分（一〇％）と年金保険料相当分（一二％）とを、疾病金庫（医療保険の保険者）に支払うこととなった。さらに、使用者には、僅少労働者を雇用した際の疾病金庫への届出の義務が罰則付きで課された。また、僅少労働の月収上限が六三〇DMで固定され、これ以降、僅少労働は「六三〇DMジョブ」と俗称された。そして、もっぱら僅少労働に従事する者は、年金保険と医療保険に任意加入できることとなり、年金保険に任意加入する場合の保険料率の労働者負担は、当時の一九・五%から使用者負担分一二%を差し引いた七・五%とされた。

このことについて、任意加入としたことで、保険料を支払いたくない僅少労働者に負担を強いないこととなったが、任意加入をしなかった僅少労働者が将来的に無年金になるおそれがあるとして、労働側はあまり歓迎していなかった。だが、従来は僅少労働の実態を把握できなかったのが、使用者に届出義務が生じたことで、労働者が失業保険給付を受けながら僅少労働を行って収入を得ても申告しない事態(=ヤミ労働)を回避できることが最大の利点であるとの考え方もあった(苧谷二〇〇一、三一、三二)。

政府には、この改正によって、社会保険加入義務を伴わない僅少労働の増大傾向に歯止めをかけるという意図があった(Rudolph 1999, 2)。また、この改正によって、副業としての僅少労働の収入が本業の収入と合算され、社会保険料が課されることとなり、これにより副業としての僅少労働の魅力が薄れることとなった。

(3) ハルツII法(二〇〇三年)によるミニジョブの奨励

一九九九年改正後も僅少労働者の数が増加傾向をたどるなか、次になされた大きな改正は、二〇〇三年一月施行の「ハルツII法」(正式名称は労働市場現代化に関する第II法)であった。これにより、僅少労働が「ミニジョブ」と呼ばれるようになった。そもそも、ハルツII法を含む一連の労働市場改革関連法である「ハルツI－IV法(労働市場現代化に関する第I－IV法)」のコンセプトを示した〇二年の「ハルツ委員会（労働市場改革のための政府諮問委員会）」報告書では、ヤミ労働を引き続き取り締まるため、および、失業者に一般就労への機会を与えるためにミニジョブを用いるとされ、月収上限も五〇〇€に引き上げることが提案されていた。そして、ハルツII法において新たに「家庭ミニジョブ」が導入されたが、報告書では、ミニジョブの範囲をこれのみに限定するとしていた。当時、家庭における僅少労働はヤミ労働の温床として問題視されていたことから、その領域を新たにミニジョブとして規定してしまうという意図もあった。

また、ミニジョブと一般雇用の境界に位置する「ミディジョブ」なるものが新設された。これは、月収四〇〇€超八〇〇€までの雇用をさし、この場合、被用者は収入に応じた社会保険料を支払うこととなる。これは、労働者の社会保険料負担が月収上限を超えたとたんに急増することを避けるために設けられた。

ハルツII法により、僅少賃金労働の月収上限は二〇〇三年四月より三二五€から四〇〇€に引き上げられ、週労働時間一五時間という制限も撤廃され、副業としてのミニジョブも本業に合算されなくなった。さらに、使用者が負担すべき社会保険料率と所得税率の規定も確立され（詳細は後述）、使用者による届出も、統一的な窓口であるミニジョブ本部に提出すれば済むこととなった。この改正には、長期失業者がミニジョブに従事することにより、失業者の減少、および、ミニジョブから社会保険加入義務を有する雇用への橋渡し効果が期待できるとの政府の意図が存在していた。

その後は、二〇一三年に当時の賃金の上昇傾向を受けて僅少賃金労働の月収上限が四五〇€、ミディジョブの月収上限も八五〇€に引き上げられた。さらに、二〇一九年より、社会保険料負担をさらに軽減するとの名目で、ミディジョブの月収上限が従来の八五〇€から一三〇〇€へと引き上げられた。

4 ミニジョバーに対する社会政策上の規定

ミニジョバーに対する社会政策上の規定、すなわち、労働政策上の規定（賃金や待遇など）と社会保障上の規定（社会保険の適用や公的扶助との関係）はどのようになっているのか。以下で、それぞれについてみる。

(1) 労働政策

ミニジョバーには、正規雇用者と同様に、最低賃金、有給休暇、賃金継続支払（労働者が傷病で働けない場合に使用者が最長六週間にわたり賃金を支払う仕組み）、母性保護手当支給時における使用者の追加的支払い（産前六週間・産後八週間にわたり、当該労働者が加入する疾病金庫は一日当り一三€の母性保護手当を給付せねばならず、その金額が当該労働者の平均手取賃金を下回る場合は、差額を使用者が支払わねばならない）、解雇保護といった労働法規が適用される。

なお、ドイツで最低賃金が導入されたのは二〇一五年である。従来は、労働協約による賃金設定があまりにも低い場合や、労働協約の対象外である事業所などにおいて賃金が著しく低く設定される場合などがあり、それによる低賃金労働の蔓延を防ぐために、一五年に全国一律の最低賃金が導入され、一七年より本格的に適用されることとなった。最低賃金の金額は最低賃金委員会の議論を経て二年ごとに改定されることとなっており、導入時点は時給八・五€であったが、一七年に同八・八四€、一九年に同九・一九€となり、二〇年には同九・三五€に引き上げられた。なお、最低賃金を支払わない使用者には、最高五〇万€の罰金が科せられる。そして、連邦財務省所管の税関内にある不法就労財務監督局（FKS）が取り締まりを担当している。

(2) 社会保険

ここでは、社会保険加入義務を有する労働者とミニジョバーの社会保険料率と所得税率とを比較する。社会保険加入義務を有する労働者は、労災保険料を除く社会保険料を労使折半で負担し、所得税は労働者が所得額に応じて負担する（**表3**）。だが、ミニジョバーについては、使用者が社会保険料と所得税を包括的に負担することとなっている（**表4**）。

社会保険加入義務を有する雇用に就いていない者は複数のミニジョブに従事することが可能だが、それらの収入の合計額がミニジョブの収入上限を上回る場合には、社会保険加入義務が発生する。また、社会保険加入義務を有する雇用に就いている場合は、一つのミニジョブに従事する分にはそのミニジョブに対して社会保険料と所得税を支払う必要はないが、複数のミニジョブに従事したとたんに、その収入が本業のそれと合算され、社会保険料や所得税の算定対象とされてしまう。また、家庭ミニジョブの使用者には、経費の二〇％、最高で年額五一〇€（月額四二・五€）までの所得税額控除がなさ

表3　社会保険加入義務を有する労働者の社会保険料率と所得税率（2020年時点）

	使用者負担	労働者負担
医療保険料（注1）	7.3%	7.3%
介護保険料	1.525%	1.525%（注2）
年金保険料	9.3%	9.3%
労災保険料	業種によって異なる	なし
失業保険料	1.20%	1.20%
所得税	なし	0%～45%

注1：医療保険料は、このほかに疾病金庫別に設定された追加保険料率（19年の平均は0.9%）も労使折半で支払う。
注2：子のない23歳以上の労働者の場合、介護保険料率の労働者負担は0.35%上乗せされた1.775%となる。
出所：各種資料より著者作成。

表4　僅少労働者の社会保険料率と所得税率（2020年時点）

	商業ミニジョブ		家庭ミニジョブ		短期労働者	
	使用者負担	労働者負担	使用者負担	労働者負担	使用者負担	労働者負担
医療保険料	13%	なし（注1）	5%	なし（注1）	なし	
介護保険料	なし（注2）					
年金保険料	15%	3.6% （適用除外の場合） なし	5%	13.6% （適用除外の場合） なし	なし	
労災保険料	業種によって異なる	なし	1.6%	なし	**商業ミニジョブの場合**：業種によって異なる **家庭ミニジョブの場合**：1.6%	なし
失業保険料	なし					
所得税	2%	なし	2%	なし	所定の所得税	なし

注1：商業ミニジョバーまたは家庭ミニジョバーが公的医療保険に加入している場合、労働者負担は7.3%。但し、商業ミニジョバーまたは家庭ミニジョバーが民間医療保険に加入している場合は、使用者負担はなしとなり、労働者負担が14.6%となる。
注2：商業ミニジョバーまたは家庭ミニジョバーが医療保険に加入している場合は、介護保険にも加入することになり、所定の保険料負担が発生する。
出所：Minijob-Zentraleホームページをもとに著者作成。

れる。

ここで注意せねばならないのは、商業ミニジョブまたは家庭ミニジョブの場合、使用者が包括的に社会保険料を支払うからといって、必ずしもミニジョバーがすべての社会保険に自動的に加入したことにはならないことである。すなわち、労災保険は自動的にミニジョバーにも適用されるが、年金保険は適用除外となることが可能であり、医療保険は原則加入することとなっているが自ら手続きをする必要がある(その場合、自動的に介護保険にも加入することとなる)。

また、年金保険料と医療保険料に対するミニジョバーの負担分は、個々人の選択によって異なってくる。まず、年金保険については、従来、もっぱらミニジョブに従事する者は加入義務がなかった(任意加入は可能であり、その場合は労働者負担分の保険料を支払った)が、二〇一三年一月から原則的に加入義務を有することとなり、この場合、労働者が本来の年金保険料率と、使用者が支払う保険料率一五%の差額相当分を支払う(つまり、二〇年の年金保険料率は一八・六%であるため、労働者は三・六%分の保険料を支払う)。ただし、労働者側が申請により適用除外となることも可能であり、この場合は使用者のみが一五%の保険料を支払うことになる(BMAS 2019b)。なお、二〇一六年末時点で、もっぱらミニジョブに従事する者(約三〇〇万人)のうち、適用除外されていた者は七二・六%、保険加入義務を有していた者は二七・四%であった(DRV 2018, 40)。

次に、医療保険についてみると、二〇〇九年からドイツは国民皆保険(すべての国民は公的医療保険または民間医療保険に加入せねばならない)[1]が法定されたため、ミニジョバーは自ら医療保険に加入せねばならない。この場合、支払うべき保険料にはいくつかのパターンがあり、副業としてミニジョブに従事し、本業において公的医療保険に加入している場合は、本業のみにおいて所定の保険料（七・三％）を支払う。また、本人が専業主婦（夫）などで家族被保険者の場合は、保険料を支払わなくてよい。そして、もっぱらミニジョブに従事する者の場合は、所定の保険料（七・三％）を被保険者自身が支払うことになる。この場合、任意加入先が公的医療保険であれば、使用者は所定の保険料（商業ミニジョブの場合は一三％、家庭ミニジョブの場合は五％）を支払うことになるが、民間医療保険である場合、使用者は保険料を支払わない。なお、医療保険に未加入の場合は罰金を支払わねばならず、罰金の額は原則として、未加入の期間に支払うべきであった保険料の六倍（但し最大で一四か月分の金額）である。医療保険未加入者の数は、一五年時点で七・九万人（人口の一％に相当）であり、うち、就業者が三・一万人（自営業者二・四万人、被用者七万人）、失業者が一・一万人であった（Statistisches Bundesamt 2015, 7）。

最後に、失業保険についてであるが、ミニジョバーは適用対象とはならないため、失業時には失業保険からの給付を受けられず、失業時に困窮する場合は公的扶助に頼ることとなる。また、そもそもミニジョブのみで最低生活費を賄えない場合は、ミニジョブに従事しながら公的扶助の給付を受給することとなる（後述）。

(3) 公的扶助

二〇一七年に連邦政府が発表した『第五次貧困・富裕報告書』では、もっぱらミニジョブに従事する者の相対的貧困率[2]は二五・七％である。そのようななか、ミニジョバーは公的扶助とどのように関わっているのか。

ドイツの公的扶助は二種類存在する。稼働能力を有し、失業保険の現金給付である失業手当Ⅰの受給期間を終了した困窮者、および、失業手当Ⅰの受給要件を満たさない困窮者が対象となる求職者基礎保障制度と、稼働能力を有しない者が対象となる社会扶助制度であり、ミニジョバーに関わるものは前者である。稼得能力とは、就労する能力をさし、当面の間疾病または障害が原因で、一般的な労働市場の通常の条件で毎日少なくとも三時間以上就労可能な者は稼得能力を持つとされ、そうでない者は稼得能力を持たないとされる。なお、社会扶助よりも求職者基礎保障の方がミーンズテストは緩和されている。たとえば、適切な持家、家具、自動車は保有可能であり、一定の現金や年金資産も保有可能である。

求職者基礎保障制度の実施主体は、雇用エージェンシー（日本の公共職業安定所に相当）と自治体とが共同で運営する「ジョブセンター」である。対象は、一五歳以上年金支給開始年齢未満で、稼得能力を有し、扶助を必要とする、通常の居所がドイツ国内にある者である。

対象者（求職者と呼ばれる）は「失業手当Ⅱ」を受給する。失業手当Ⅱの費用は連邦負担であり、住居費・暖房費は自治体負担（ただし連邦も一部を負担）である。受給期間は、扶助を必要とする状態にある限り、年金受給開始年齢に達するまで無期限である。受給額は、求職者の需要共同体の総需要額から収入認定額を控除した額である。総需要額とは、基準需要額（**表5**）、住居費・暖房費、社会保険料、その他一時的に必要な費用の合計である。収入認定額については、総収入が月収一〇〇€以下の場合は収入認定されないが、同一〇〇€超一〇〇〇€以下の場合は八〇％、同一〇〇〇€超一二〇〇€（未成

表5　基準需要額の諸段階と金額（1人当り月額）（2020年時点）

段階	金額（単位：ユーロ）	説明
第1段階	432	単身者。ひとり親。
第2段階	389	成人のパートナーまたはそれに類する関係の者と生計を一にする者
第3段階	345	働いておらず、親元にいる18-25歳未満の者。
第4段階	328	14-18歳未満の若者
第5段階	308	6-14歳未満の子
第6段階	250	6歳未満の子

出所：BMAS（2019a）

年の子がある場合は一五〇〇€）以下の場合は一〇％、一二〇〇€（未成年の子がある場合は一五〇〇€）超の場合は全額が収入認定される（BA 2019a, 51）。この取り決めは追加収入規定と呼ばれる。たとえば、ミニジョブに従事して四五〇€の月収がある求職者の場合、一七〇€が収入認定されずに手元に残ることになる。

求職者は、いくつかの例外（肉体的・精神的に当該就労をなしえない場合、当該就労が三歳未満の子の養育または家族の介護に支障となる場合など）を除いて、あらゆる就労も期待可能とされる。求職者ごとに相談員が指名され、相談員との話し合いに基づき、再就労のための給付と活動を定めた「再就労協定」が取り決められ、積極的な就労支援がなされる。就労困難な求職者には「雇用機会」（別名：一ユーロジョブ）という措置がある。これは、求職者を時給一－二€の作業（自治体や福祉団体での追加的かつ公共的な作業）に従事させるというもので、就労時間も週三〇時間の上限がある。作業の対価はジョブセンターの予算から支出され、従事者は失業手当Ⅱを受給し続けられる。なお、就労促進効果が弱い、正規雇用を圧迫するなどの批判から、二〇一二年四月以降は後置的（他の再就労のための給付を優先）かつ限定的な（五年間で二四か月以上従事してはならない）ものとされた。

求職者が社会保険加入義務を有する雇用または自営業に就く場合は、再就労への報奨として就労手当という裁量給付が支給されうる。だが、他方で、再就労協定で取り決められた義務を怠った場合は、制裁として失業手当Ⅱの基準需要額が三〇％減額される。再び拒むと六〇％減額され、それ以上拒むと全額が支給停止になる。制裁の期間はいずれも三か月である。

なお、ドイツにおける失業者の定義には、週一五時間未満働いている者も含まれ、ミニジョブを本業とする者はそれに該当しうるため、失業者とみなされうる。

5 ミニジョブの課題

(1) 労働政策に関して

もっぱらミニジョブに従事する者にとっては、収入の低さが大きな問題である。二〇一五年に導入された全国一律の法定最低賃金制度には、ミニジョバーの待遇改善という側面も期待されていたが、同時に、雇い控えがなされ、労働市場が縮小するのではないかとの懸念も存在した。結果的に最低賃金導入後はミニジョバーが減少し、社会保険加入義務を有する雇用が増加したが、ミニジョバーが社会保険加入義務を有する雇用に転換したかについては一概には言えない。統計によれば、一五年に新たに社会保険加入義務を有する職に就いた者の数は約八二・二万人(フルタイム二五・七万人、パートタイム五六・五万人)であった。同年にミニジョブから社会保険加入義務を有する雇用へと転換した者の数は約一一万人(フルタイム一・八万人、パートタイム九・一万人)であり、それまでは四―五万人の規模であったことから考えても明確に多かった。だが、同年にミニジョブを辞めて無職か単なる失業者か自営業者となった者の数は五九・六万人であった(Berge/Weber 2017)。これらのことから、一五年にミニジョブから社会保険加入義務を有する雇用への転換が大々的になされたとは言い切れない。また、最低賃金以下の賃金しか支払っていない事業所も散見され、取り締まりの強化が求められている(DIW 2019)。

さらに、もっぱらミニジョブに従事する上乗せ受給者がそのまま固定され、社会保険加入義務を有する雇用への橋渡しが困難となることも懸念される。ミニジョバーを対象とした二〇一六年の調査によれば、ミニジョブが将来的に一般の労働につながると考えている者の割合は四・一%、将来的にミニジョブではない労働に就けると考えている者の割合は四・九%であり、最低賃金導入後も、もはやミニジョブは一般の労働への橋渡しとは考えられていないと分析される(Bachmann et al. 2017, 22-23)。

(2) 社会保険と公的扶助に関して

雇用保険については、ミニジョバーは適用除外である。年金保険は、既述のとおり二〇一三年以降は原則としてミニジョバーにも適用されることとなったが、適用除外となることも可能であり、その場合、将来における無年金・低年金のおそれがある。また、ドイツの公的年金制度は、所得比例年金のみの「一階建て」構造（日本の公的年金にたとえれば基礎年金がなく、厚生年金のみ）であるため、賃金格差がそのまま年金格差につながる。医療保険については、二〇〇八年以降、国民皆保険となったことから、公的扶助を受給せずにもっぱらミニジョブに従事する者は、既述のように公的医療保険料率の二分の一（七・三％）、または、民間医療保険料率の全額（同一四・六％）を支払わねばならない。このことは重い負担であり、社会保険料を勘案した失業手当IIを受給しうる公的扶助の対象となって上乗せ受給者となるインセンティブを与える。

公的扶助についても、上乗せ受給者という形でミニジョブに従事しながら失業手当IIを受給することで最低生活を保障されるという状況が果たして健全であるのかという問題が生じる。この場合、上乗せ受給者に特化した職業訓練を実施して社会保険加入義務を有する雇用への橋渡しを行うことが重要であると思われる。だが、そのようなことを行うジョブセンターはあまり多くなく、数少ない例として、失業手当IIの受給額の少ない上乗せ受給者に特化した就労支援を実施しているニュルンベルクのジョブセンター（Jobcenter Nürnberg-Stadt 2018）が挙げられる程度である。そもそも、そのような支援は各ジョブセンターの裁量給付とされているため、地域による取組の差異も大きい。

6 ミニジョブの今後

(1) ミニジョバーの位置づけ

ミニジョブへの肯定的な評価は、政府と使用者側に存在する。すなわち、使用者は柔軟な雇用形態であることを重宝し、政府は、長期失業者に従事してもらうことで、社会保険加入義務を有する雇用への橋渡し効果を期待している。

だが、労働組合などは、ミニジョバーの社会保障の不十分さや固定化に危機意識を持っている。そのなかで、二〇一五年に導入された最低賃金はミニジョバーの待遇改善の一環として注目された。しかし、結局のところ、ミニジョブが月収上限で区切られる限り、最低賃金の存在にはそれほどメリットがない（労働時間が短くなるという恩恵しかない）ため、最低賃金の導入がただちにミニジョバーの待遇を改善するわけではない。

ならば、もっぱらミニジョブに従事する上乗せ受給者のために何がなされるべきか。月並みではあるが、職業訓練などを実施して社会保険加入義務を有する労働に就労してもらい、収入を上げるということが考えられる。そのためには、既述の追加収入規定の拡大よりも、ミニジョバーに特化した職業訓練の強化などが必要となる。さらにいえば、もっぱらミニジョブに従事している者で、上乗せ受給者とならずになんとか生活をやりくりしている者も存在すると考えられるが、その数に関する統計などは未整備のため、その可視化と実態把握も急務である。

(2)「コンビ賃金」の是非

政府においては、ミニジョブを本業とする者が直面する低賃金の問題については、「コンビ賃金」によって対応できているとの考え方が有力と見受けられる。コンビ賃金とは、企業の国際競争力の維持のための賃金付随費用抑制などのために低い賃金を容認し、低所得者に対して、生活を保障しうるレベルまで国庫財源による所得の上乗せを行うというものである。一九九八年にCDU／CSU（キリスト教民主・社会同盟）から提案がなされたが、当時は各方面から批判されて実現には至らなかった（苧谷二〇〇一、二〇）。だが、二〇〇五年施行の求職者基礎保障制度は、実質的に、上乗せ受給者という形でコンビ賃金の内容を備えていると解釈しうる。また、追加収入規定や、ミニジョブにおいて社会保険料や所得税の労働者負担分をかなり引き下げていることも、コンビ賃金の一種と解釈されている（Eichhorst 2006, 15）。

求職者基礎保障制度導入以降にもコンビ賃金をめぐる議論が存在した。これは、二〇〇五年一一月発足の第一次メルケル政権（CDU／CSUとSPD（社会民主党）の大連立政権）の連立協定を発端とする。ここでは、失業者の三九％（約二〇〇万人）が低スキルの者、または、職業資格を持たない者であり、就労機会が大変少ないことから、彼らへの資格の提供とならんで、低賃金の活動を通じた労働市場への参入が必要とされた。そのような活動は、失業手当II、就労手当などによって助成されるが、それらの給付の相互関連が薄く、包括的な効果が期待できないとされた。そこで、賃金と公的給付とを適切に組み合わせることで単純労働をやりがいあるものにし、単純労働の雇用を新しく生み出すことを可能にするコンビ賃金モデルを検討すると記された。

だが、二〇〇六年一月に、当時の副首相でもあり連邦労働社会省大臣でもあったSPDのミュンテフェリングが、労働市場活性化の手段としてのコンビ賃金の有効性に一定の理解は示しつつも、全国一律の法定最低賃金の導入(当時は導入されていなかった)という選択肢も考慮すべきであると述べた。また、同時期に、労働組合の頂上団体であるDGB(ドイツ労働総同盟)のゾンマー会長も、コンビ賃金には費用がかかりすぎるとして反対し、失業後の再就職時の賃金や五五歳以上の高齢者対象といった特定の場合のみに実施を限定すべきであると述べた(n-tv 2006)。そして、コンビ賃金よりも法定最低賃金(時給七・五€)の導入を主張した。

そのようななか、二〇〇六年一〇月にはCDU/CSU連邦議会議員団から、五〇歳以上の長期失業者、および、二五歳以下の職業資格が不十分な労働者を対象として、使用者と労働者双方に国が助成金を支払う「ジョブ・ボーナス・モデル」なるものが提案され、〇七年五月にも、連邦労働社会省内に設置されたワーキンググループから「ジョブ・ボーナス」という提案がなされた(BMAS 2007)。これによれば、職業資格を持たず、六か月以上失業中の二五歳以下の若年者に対し、賃金補助と職業訓練との組み合わせが提供される。さしあたり、求職者基礎保障制度と失業保険制度において三年限定の裁量給付として試行するとし、対象者の総所得の上限はフルタイム雇用の場合で月額一〇〇〇€とした。この提案を受けて、〇七年一〇月に「斡旋阻害要因を有する若年者の職業資格および雇用機会の改善に関する法律」が施行され、六か月以上失業中の二五歳以下の若年者を雇用した使用者に対し、最長で一二か月間、賃金の五〇%の助成金を支給することが規定されたが、一二年四月に廃止された。

次に、二〇〇九年一〇月発足の第二次メルケル政権（CDU／CSUとFDP（自由民主党））の連立協定では、コンビ賃金の語は用いられてはいないが、ミニジョブについて、社会保険加入義務を有する雇用への橋渡し機能の強化などを検討するとし、また、追加収入規定について、労働インセンティブが強化されねばならないと記された。

二〇一〇年六月には、主要な使用者団体であるBDA（ドイツ使用者連盟）、BDI（ドイツ産業連盟）、DIHK（ドイツ商工会議所）が、追加収入規定の改定を提案した。上乗せ受給者の半数以上が僅少労働に従事している状況を憂慮し、フルタイム雇用への就労を促すインセンティブを作るべきであり、そのためには現状の追加収入規定では不十分であると主張した。そして、二〇〇€までの総所得については全額を収入認定するが、二〇〇€超八〇〇€まではその六〇%、八〇〇€超一〇〇〇€まではその八〇%、一〇〇〇€を超える分については上限なしでその九〇%を収入認定すべきとした。これにより、手元に残る金額が増え、フルタイム雇用に就労するインセンティブが増加すると述べた（BDA/BDI/DIHK 2010）。

二〇一一年以降は、CDU／CSUが実質的に法定最低賃金の導入を容認する方向に動き（岩佐二〇一五、一七五）、また、一三年九月の連邦議会総選挙の際にSPDが時給八・五€の法定最低賃金の導入を主張したこともあり、同年一二月に再び大連立政権である第三次メルケル政権（CDU/CSUとSPD）が発足した際の連立協定には、もはやコンビ賃金の語は見当たらず、代りに、二〇一五年からの全国一律の法定最低賃金（時給八・五€）の導入が明記され、実際に導入された。

なお、二〇一四年にBDAは、上乗せ受給という形でのコンビ賃金を企業が賃金ダンピングに利用し、それゆえ、労働者が上乗せ受給状態に追いやられているとする労働組合などからの批判に反論した。BDAによれば、上乗せ受給者の多くはパートタイム労働またはミニジョブに従事しており、労働に投入できる時間の少なさゆえに所得が少なくなっている。ゆえに、法定最低賃金の導入のみでは上乗せ受給者の現状を変えることはできないとし、追加収入規定の緩和という形でのコンビ賃金をあわせて促進することが望ましいとした(BDA 2014)。

そして、二〇一八年三月には第四次メルケル政権が発足したが、連立協定には、ミニジョバー向けの政策やコンビ賃金についての言及はない。

そもそも、上乗せ受給という形でのコンビ賃金を是認する立場にとっては、現行の求職者基礎保障制度と最低賃金制度は十分な内容であり、さらなる対策としても、ミニジョブを本業とする者を、社会保険加入義務を有するパートタイム労働者に転換する程度に留まり、その後さらにフルタイムの雇用に就かせることまでは考慮されていない。逆に、上乗せ受給状態を是認しない立場にとっては、現行の求職者基礎保障制度や最低賃金制度の内容は不十分・不完全であり、低賃金労働者を十分な賃金を得られる労働者に転換するための工夫として、追加収入規定の拡充や最低賃金のさらなる引上げなどが提案される(森二〇一七、二七)。また、ミニジョバーに完全に社会保険加入義務を適用すべき(その場合、低所得者には保険料率の労働者負担分を大幅に低くし〈この場合、使用者負担分が大幅に高くなる〉、所得が高くなるにつれて段階的に引き上げていく)との主張も、労働組合にみられる(DGB 2017)。

7 上乗せ受給者への対処の方向性

ミニジョブをめぐる状況は時代によって大きく変化してきた。一九七〇年代頃には、労働力不足を補うために整備され、当時は副業または家計補助的に従事する者が多くを占めていた。だが、九〇年代になると、使用者が社会保険料負担を軽減させるために利用しようとし、また、失業者がヤミ労働として従事するケースも問題視されたため、それらを憂慮した政府が九九年改正によってミニジョブを引き締めようとした。だが、二〇〇三年のハルツⅡ法では、失業者を労働市場へと橋渡しするための手段として政府が積極的にミニジョブを利用するようになり、副業や家計補助としてではない形でもっぱらミニジョブに従事する者も出現し、彼らが上乗せ受給者と呼ばれ、ワーキングプアの状況に陥ることとなった。

これらのことから、現在のミニジョバーは二つのタイプに区分される。家計補助、または、副業として従事するタイプと、もっぱらミニジョブに従事するタイプである。特に後者は、(長期)失業者が、労働市場への橋渡しとして従事する。だが、その後の社会保険加入義務を有する雇用への橋渡し効果は弱く、また、その収入のみで生計を立てるのが困難であることから、上乗せ受給者として公的扶助制度に滞留することになる。そして、そのまま年金支給開始年齢(六七歳)を迎えても低年金者とならざるを得ないことから、老後も引き続き公的扶助(この場合は稼働能力がないものとみなされるため、社会扶助制度）の対象となることが予想される。
今後は、上乗せ受給者であるミニジョバーにどのように対処していくかが重要な問題となるだろう。上乗せ受給状態の固定化をよしとするのであれば、現状のままでもよいということになる。だが、それを健全でないもの、過渡期的なものとして捉えるのであれば、社会保険加入義務を有する雇用への移行をより一層促し、支援することが必要である。そして、そのための手段としては、求職者基礎保障制度の運営主体であるジョブセンターによる裁量給付が期待される。さらに、この場合、連邦政府が上乗せ受給者への対応についてイニシアチブを取るべきか、あるいは、現状どおりジョブセンターの裁量給付のままでよいかが問われることになるだろう。

［注］

1 ドイツでは、一定以上の所得の者は公的医療保険の適用除外となり、民間保険に加入するか公的医療保険に加入するかを選択でき、人口の約一〇％が民間保険に加入している。

2 なお、ドイツの相対的貧困率の算定時に用いられる貧困線は、等価可処分所得（世帯の可処分所得を世帯員数の平方根で除した所得）の中央値の六〇％であり、日本における算定時に用いられる同五〇％よりも高く設定されている。

［**参考文献**］
岩佐卓也（二〇一五）『現代ドイツの労働協約』法律文化社。
苧谷秀信（二〇〇一）『ドイツの労働』日本労働研究機構。

田中洋子（二〇〇三）「労働」戸原四郎・加藤榮一・工藤章編『ドイツ経済統一後の一〇年』有斐閣。
森周子（二〇一七）「ドイツにおける「コンビ賃金」の考察」生活経済政策二四九号。
BA (2018) *Erwerbstätige erwerbsfähige Leistungsberechtigte (Monats- und Jahresdaten)*, Nürnberg.
BA (2019a) *Merkblatt Arbeitslosengeld II/ Sozialgeld SGB II*, Nürnberg.
BA (2019b) *Beschäftigte nach ausgewählten Merkmalen (Zeitreihe Quartalszahlen), Stand: 30. September. 2018*, Nürnberg.
Bachmann, Ronald et al. (2017) "Minijobs nach Einführung des Mindestlohns- eine Bestandsaufnahme", *RWI Materialien*, 114.
Berge, Philipp und Weber, Enzo (2017) "Minijobs wurden teilweise umgewandelt, aber auch zulasten anderer Stellen", *IAB-Kurzbericht*, 11.
BDA (2014) "Kombi-Einkommen", Berlin.
BDA/BDI/DIHK (2010) *Arbeitsanreize stärken – Erwerbsfreibeträge beim Arbeitslosengeld II sinnvoll reformieren*, Berlin.
BMAS (2007) *Bericht der Arbeitsgruppe Arbeitsmarkt*, Berlin.
BMAS (2019a) "Höhere Regelbedarfe in der Grundsicherung und Sozialhilfe", https://www.bmas.de/DE/Presse/Pressemitteilungen/2019/hoehere-regelbedarfe-in-grundsicherung-und-sozialhilfe.html
BMAS (2019b) "Geringfügige Beschäftigung", https://www.bmas.de/DE/Themen/Soziale-Sicherung/450-Euro-Mini-Jobs/450-euro-mini-jobs-geringfuegige-beschaeftigung.html
DGB (2017) "Schwarzarbeit und Willkür: Wie Minijobber ausgenutzt werden", https://www.dgb.de/themen/++co++aca71374-def8-11e6-81b4-525400e5a74a
DIW (2019) "Mindestlohn: Nach wie vor erhalten ihn viele anspruchsberechtigte Beschäftigte nicht", *DIW Wochenbericht*, 28.
DRV (2018) *Versichertenbericht 2018*, Berlin.
Eichhorst, Werner (2006) "Kombilöhne und Mindestlöhne als Instrumente der Beschäftigungspolitik- Erfahrungen und Handlungsoption", *IZA Discussion Paper*, 2120, Bonn.

Jobcenter Nürnberg-Stadt (2018) "Aufstocker oder Ergänzer – Das Jobcenter unterstützt, wenn das Einkommen nicht zum Leben reicht", https://www.jobcenter-ge.de/Jobcenter/Nuernberg/SharedDocs/Pressemitteilungen/DE/Erg%C3%A4nzer.html

Meinken, Holger et al. (2012) "Wer sind die geringfügig Beschäftigten? Analysen einer heterogenen Beschäftigungsform", https://docplayer.org/41586194-Wer-sind-die-geringfuegig-beschaeftigten.html

Minijob-Zentrale (2019) "4. *Qua*rtalbericht 2018- Diagramme und Tabellen", Essen.

n-tv (2006) "Kombi- und Mindestlohn. Müntefering dämpft Erwartungen", https://www.ntv.de/politik/Muentefering-daempft-Erwartungen-article331419.html

Oschmiansky, Frank et al. (2014) "*Das Normalarbeitsverhältnis*", http://www.bpb.de/politik/innenpolitik/arbeitsmarktpolitik/178192/normalarbeitsverhaeltnis%3Fp%3Dall

Oschmiansky, Frank und Obermeier, Tim (2014) "*Minijobs/ geringfügige Beschäftigung*", bpb. http://www.bpb.de/politik/innenpolitik/arbeitsmarktpolitik/55335/minijobs-geringfuegige-beschaeftigung?p=all

Rudolph, Helmut (1999) "Das 630-DM-Gesetz: Was ändert sich für wen?", *IAB Kurzbericht*, 11.

Statistisches Bundesamt (2015): *Sozialleistungen. Angaben zur Krankenversicherung*, https://www.vgsd.de/wp-content/uploads/2016/10/Krankenversicherung_Mikrozensus_2015.pdf

Statistisches Bundesamt (2019) "Atypische Beschäftigung", https://www.destatis.de/DE/ZahlenFakten/GesamtwirtschaftUmwelt/Arbeitsmarkt/Erwerbstaetigkeit/TabellenArbeitskraefteerhebung/AtypKernerwerbErwerbsformZR.html

Voss, Dorothea und Weinkopf, Claudia (2012) "Niedriglohnfalle Minijob", WSI Mitteilungen, 1.

Warkentin, Nils (2016) "Kurzfristig Beschäftigte: Darauf bitte achten!", https://karrierebibel.de/kurzfristig-beschaeftigte/

家庭ミニジョブの可能性と課題

ミニジョブというと、事業主が提供する「商業ミニジョブ」のほうが圧倒的に従業者が多いが、ミニジョブ本部は、一般家庭によって提供される「家庭ミニジョブ」に今後の発展の可能性を見出している。家庭ミニジョブは、第1章でも紹介したように、ハルツⅡ法改革のきっかけとなったハルツ委員会報告書において新たに法定され、家庭ミニジョブのみにミニジョブを限定しようとする議論もなされるなど、大いに注目されていた。家庭ミニジョブでなされる主な仕事は、掃除、洗濯、買い物、子どもの世話、老人介護、庭仕事、ペットの世話である。

2017年夏には、有力なシンクタンクである「ドイツ経済研究所」が家庭ミニジョブに関する調査を行った。ここにおいて、ドイツの全世帯の約40%に家事代行への需要があるにも関わらず、実際には全世帯の9%しか家事代行を依頼していないことが指摘され、家庭ミニジョブは将来における成長市場であると結論づけられた。

また、現在、364万世帯が家事代行者を雇用しているにもかかわらず、家事代行の労働者として公的に登録されている者の数は37万人程度に過ぎず、そのことから推計して、およそ270~300万世帯において家事代行のヤミ労働が発生していると述べ、ヤミ労働を防止するための方策を提案した。ミニジョブ本部に登録せずに家庭ミニジョバーを使用する「ヤミ労働」の発生理由として、従事する側も使用する側もこのことを微罪としか捉えていないことが大きな問題であるとし、ヤミ労働が発覚した際には5000€までの罰金があるとあらためて強調した。そして、登録をして合法的に働くことで従事する側も使用する側もメリットがあることを強調し、合法化を促すべく、登録手続きのさらなる簡略化と、家庭ミニジョバーを使用する際に発生する使用者側の費用の3分の1を国家が肩代わりすることが提案された。

第2章

ドイツにおける雇用社会の新展開
――内需志向産業に注目して

石塚史樹

本章のポイント

ドイツの福祉国家の構成要素として我々が一般的に思い描くイメージのなかには、時短の進んだゆとりある社会、産業レベルの労使交渉で決定される安定した労働条件、そして、労使共同決定に支えられた従業員参加型の民主的な企業経営というものが含まれている。だが、ドイツ国内のさまざまな産業における雇用労働の実情が検証されることなく、上記の理想化されたイメージのみに基づいて同国の社会に関連した議論を展開することは、極めて危険である。このことは現在、「働き方改革」とのかかわりで、他国の雇用労働のプラクティスを参考にしようとする気運がわが国で強まっているだけに、特に注意されるべきである。そこで本章では、ドイツ国内で多数の職場を創出し、かつ近年において急成長を遂げた勝ち組産業を特にピックアップし、同国の雇用社会の新展開をみていく。これにより、従来のドイツ福祉国家のステレオタイプ的なイメージを修正し、より正確な知見に支えられた現実的な国際比較の議論をするためのきっかけを作れれば、筆者としては幸いである。

1 従来の雇用労働に関する理解とその問題点

今日、労働研究に対する関心は高い。特に、日本と他の先進国を比較する国際比較研究は、わが国の労働市場改革、また、昨今の「働き方改革」とのかかわりから、多くの注目を集めてきた。このような状況とのかかわりで提示されてきた労働研究の理論的枠組みとしては、Marsden（1999）（雇用システムの理論）、Katz and Darbishire（2000）（「収斂する多様性」論）などが有力なものとして挙げられよう。一方、日本と比較されることの多いドイツに限定すると、「資本主義の多様性」と関連して、Albert（1991）が類型化した「ライン資本主義」などの枠組みで雇用労働のシステムが説明されてきた。また、Hall and Soskice（2001）では、米国型の自由な市場経済（LME）とは異なる、調整型市場経済（CME）としてドイツの経済システムを分類している。

しかしながら、従来の視点では、外需に対応した一部の製造業の大企業を想定して議論が進められてきた。一方で、主に内国需要に対応したサービス産業という、雇用の大きな割合を占めている分野については、企業内で展開される雇用労働に関する研究がほとんど行われてこなかった。この部分について、従来想定されてきたドイツの雇用システムと同列に論ずることは可能であるのか、あるいは、これまでの理解に再考を促すような事実関係が観察されるのであろうかといった疑問が浮かぶ。

上記の問題意識に基づき、本章では、内需対応のサービスを担当する産業分野に焦点を当て、ドイツにおける雇用の新展開とその意味を論じる。具体的には、低コスト戦略で急成長し、ドイツの小売業の頂点に立ったディスカウンター（＝極めて廉価なスーパーマーケット）を主要な事例研究の対象とする。

本章では、上記の事例研究に関連する一連の作業を通じ、ドイツの雇用に関するこれまでの見解について、再検討を促すことを試みる。

2 ディスカウンターの急成長

一九九〇年代以降二〇〇〇年代半ばまで長引いた不況の過程で、ドイツの食品小売業では流通革命が起こり、廉価な商品を扱うディスカウンターが著しい成長を見せた。同業界は独自のビジネスモデルにより競争優位を獲得し、成功を収めた。[1]
実際に、ドイツ国内の食品小売業の総売上高に占めるディスカウンターの比率は、一九九一年に二三・四％であったが、二〇〇九年には四四・五％に拡大した。それ以降は、市場飽和化によりやや低落傾向にあるが、二〇一五年でも四二・三％と高水準を維持した。[2] なお、ディスカウンターは最近では、高級品の販売にも進出している。[3]
食品ディスカウンターの最大手は、同業態を初めて確立したアルディ（Aldi）の南北グループであり、二〇一五年内の売上高は、二七八億ユーロに達した。
ディスカウンターの急成長は、ドイツの長期不況を背景にして、また、一九九〇年代以降の労働市場の諸改革により低所得層が増加し、[4]ドイツ国内全体で消費者の安売り志向が強まったことに支えられてきた。

3 ディスカウンターの労働問題

一方で、ディスカウンターをめぐり、さまざまな問題が取り上げられるようになった。たとえば、二〇〇四年に、ドイツ合同サービス産業労組（Ver.di）が、業界第二位のリードルについて、「リードル黒書」と呼ばれる調査報告書を刊行した。これにより、同社における問題の多い雇用労働の実態が、体系的に暴露された。[5]

ここで報告された典型的な事例を要約すると、以下の様である：

① 開店前および閉店後に必要となる一・五時間程度の作業は労働時間とはみなされず、無給で行う。

② 一分間に四〇以上の商品をレジスキャンすることがノルマである。これが達成できないと、馘首される。

③ 極小の人員で店を回すため、パートタイム販売員に対し、直前になりシフトに入るように電話連絡が入る。逆に、客が少ないと、勤務時間途中で返される。このため、販売員は日々のスケジュールを立てることが非常に困難である。

④ 恐怖政治に基づく労働管理が実施されている。例えば：

——販売員が、買い物客の不正行為をチェックしているか確かめるために、私立探偵による「探偵的購入行為」を抜き打ち的に実施する。これは、探偵が買い物客のふりをして万引きをあえて実施することを指す。これを見抜けなかった販売員は、職務怠慢として警告を受ける。

——病欠は極めて嫌われる。病欠の際には、上司が本当に病気なのか、家まで確かめに来る。

——店舗内に隠しカメラが仕掛けられ、販売員の一挙一動を監視している。

——レジの金を盗んだなど、身に覚えのない犯罪行為を理由に自主都合退職を強制される。拒否すれば、即時解雇となる。

⑤ 労使協議制を支える従業員代表委員が選出されないように、妨害行為が行われる。実際に、二〇〇五年時点のリードルの独国内の全事業所（二五〇〇か所）では、従業員代表委員は八名しかいなかった。[6]

これに続き、二〇〇八年にマスコミが、上記のインタビュー結果を裏付けるリードルの内部文書を入手し、スクープ記事として発表した。[7] ここでは、上記のような行為が組織的かつ恒常的に実施されていることが暴露された。

これに続き、アルディのエリア・マネージャーであったシュトラウプ（Andreas Straub）が二〇一二年に出版した、同社の雇用労働の実態に関する報告書は、世間に大きな衝撃を与えた。同著では、リードルと同じことがドイツのディスカウンターの元祖であるアルディでも行われていること、また、恐怖政治的な人的資源管理上のプラクティスがまかり通っていることが、克明に描き出された。[8] シュトラウプは二〇一三年に、ディスカウンターの元あるいは現役従業員から集められた多くの証言を基にした報告書を出版し、自身の証言を裏付けた。[9] また、同時期には、アルディの元私立探偵が、同社を告発する体験談を出版した。[10] 二〇一六年には、リードルのマネージャーがシュトラウプと同様の内容の体験談を出版した。[11] その結果、ディスカウンター業界全体で、従業員に対する同じような扱いが恒常化していることが明らかになった。[12]

シュトラウプは、アルディ独自の企業戦略の特性を踏まえつつ、ディスカウンターを支配する組織原理の視点から、その人的資源管理の構造を冷静な筆致で描き出した。しかも、同人は、マネージャー候補として入社し、広範なジョブ・ローテーションを体験し、企業内の業務全体を知悉したうえで議論を展開しているため、その主張には相当な説得力がある。

次節以下では、シュトラウプの著作より得られる情報、およびアルディが公開している情報に主に基づき、ディスカウンターの雇用システムの構造を分析する。なお、アルディは二〇一六年に初めて、自社の基本的な情報を公開した。[13]

4 アルディの組織構造

アルディは、一九一三年にアルプレヒト家がエッセン市内に創業した食料品店から始まった。これを相続した二人の兄弟は一九六二年に、現在のディスカウンターとしてのビジネスモデルに基づく店舗展開を始め、大成功をもたらした。

両兄弟は、アルディの事業をドイツ北部地域（北部グループ）と南部地域（南部グループ）のグループに分け、ビジネスモデルは共有しつつも、それぞれ独立した企業として経営した。

両グループとも、各地域レベルで活動する数十の事業会社が実際の企業活動を行っている。これらを、北部グループでは五名から構成される管理委員会、南部グループでは四名からなる調整委員会と呼ばれる、法律の定めによらない最高意思決定機関が監督する組織構造をとる。この委員会のメンバーは、組織上はアルディからは独立した「自由業」として、管理業務を遂行している。これらの委員会はさらに、アルブレヒト家の家族財団によって監督されている。

次に、各事業会社の構造を説明する。まず、各事業会社は、一名の社長のもとに五つの機能部門が直属する、職能別組織である。各機能部門の長には、プロクーラ（商業登記簿上の支配権）が与えられ、上層のマネージャーとして、事務職員を指揮監督している。

機能部門は、管理、仕入、販売、店舗計画、物流から構成され、その本部は南部グループと北部グループそれぞれに設置される、事実上の本社事務所としてのグループ・センターにおかれる。

機能部門のうち、販売は、店舗の業務展開の総責任を担う。各店舗と販売部門の間には、各エリア内の店舗を監督するセンターが存在する。仕入部門は、供給業者から、商品を直接仕入れる。管理部門は、事業会社の事務作業全般を担当する。店舗計画は、新店舗の出店および各種建築物の改修を担当する。

5 従業員構成と人事秩序

アルディが公開する基本情報に基づき、同社の従業員の構成（紙面の関係から、南部グループに限定したドイツ国内のみの数字）について要約すると以下の様である。[14]

南部グループは二〇一五年に、国内に一八五八の店舗、三一の物流センターを有し、三万二一一〇の従業員が勤務していた。業務別にみると、八〇％の従業員が販売、一四％が物流、六％がその他に従事した。

なお、労組側の報告では、同年内に、南部グループのほぼ全店舗に近い一五〇〇の事業所で、従業員代表委員会のメンバーが皆無であったとされる。[15]

次に、Straub（2012）、同（2013）の記述を基に、人事秩序の構造の再構成を試みる。

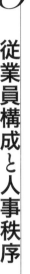

アルディで最大の従業員数を占めるのは、販売部門である。同部門はプロフィット・センターとしての店舗を管理する。ここでは、店長、店長代理、販売員、職業訓練生、将来の幹部候補としての大卒トレイニー、加えて、店舗の清掃を担当する外注業者が働いている。各店舗と販売部門の間にはエリア・センターがあり、エリア・マネージャーが店長を監督している。

職業訓練生の大部分は、販売員の職業資格取得のために採用され、二年間を訓練契約に基づき働く。この期間の終了後、さらに一年間、小売事務職員としての実習を積み、店長候補の道を歩むものもいる。

大卒のトレイニーは、実習プログラムを終了した後にエリア・マネージャーに昇進する。

店長は、販売員の監督とワークスケジューリングの決定、商品の仕入れ、売上を中心とする業績管理、在庫管理、そして、販売部門の長より許可された範囲での商品の値引きなどを中心に、店舗運営の全責任を有する。

同社で勤務する平社員の労働条件は、小売業の労働協約に基づいている。[16] 週労働時間や残業・超過勤務に際する割増賃金なども、協約に基づく。基本給に加え、クリスマス・ボーナス、休暇ボーナスなど、使用者側の自由意思に基づく給付がある。また、永年勤続者には、褒賞が与えられる。企業年金は、社外の年金金庫を通じて、労使折半の保険料で運用されている。これだけを見ると、アルディの労働条件は、ドイツの他の大企業と比べ、遜色があるわけではない。職業訓練生手当の給付も確認できる。[17]

エリア・マネージャーは、管理職員として扱われる。具体的には、協約の適用を受けずに、個別契約により労働条件が決まる。週労働時間は、「少なくとも四五時間」とのみ明記されており、事実上無制限である。エリア・マネージャーの給付に関し、店長以下の従業員と異なるのは、社用車（Audi A4）と携帯電話を貸与されることなどである。シュトラウプが入社した二〇〇七年時点で大卒トレイニーの給与は固定額で一律六万ユーロとされており、店長の最高給与と同じ額であった。

シュトラウプによれば、この額は、当時の経営学士の初任給額の相場を二〇〜二五％超えていたとする。この見解の妥当性を確認するために、大卒者の最低給与額を唯一協約で決めている化学産業と比べてみる。すると、同産業の大卒者協約で定められた入社二年目の学士の給与額は二〇〇七年に四万九九三〇ユーロであり、上記の説明は間違っていないことが確認できる。[18]

機能部門の長は、プロクーラを有する、高位のマネージャーである。その正確な給与額についてシュトラウプは記載していないが、各部長の給与として、全員一律で同額が支給されていると説明する。しかも、給与額は固定基本給のみで構成され、ボーナスのような、個人業績や事業業績次第で変動する金銭的インセンティブが、全く欠如しているとする。

報酬構造上、エリア・マネージャーと部長の両マネージャーのグループに共通している特徴は、各グループ内で共通の固定基本給のみで支給されることと、そして、当該役職就任後、査定によらず年功のみに基づく四年間の定期昇給後に各グループ内で共通の最終給与額に至ることである。一方、リードルに一三年間勤め、スイス事業会社の商品配送センターの長まで昇進して二〇一一年に四九歳で自主退職したフィッシャーは、入社後三〜五年たてば、年間報酬額が一二万〜一四万ユーロに達したと報告する。[19] 業界一位であるアルディもこれに比肩しうる給与が適用されているとは推測される。ちなみに、二〇一〇年ごろであると化学産業でこの額は、中層のマネージャーの基本給額に相当した。[20]このことからは、ディスカウンターのマネージャーの給与水準は、外需志向産業のそれと比べても遜色ないことがうかがわれる。

以上よりわかることは、以下の様である。すなわち、アルディでは、人事コンサルティング企業であるヘイグループが提供するソリューションのような、厳密な役職評価に基づいた社員格付けは、幹部レベルの社員に対してさえも導入されていない。[21] また、目標管理制度に基づく「成果型」報酬による、仕事のマネジメントすら行われていない。

アルディのマネージャー層のグループ分けは、役職上のヒエラルキーに加え、プロクーラに代表される署名権のみが基準となっている。給与額も、各グループ内で全く同じになるように運用されている。このような社員格付けは、一九七〇年代以前のドイツ企業において支配的であった、伝統的な人事慣行である。[22]

なお、アルディの販売部門では、店長から販売部長に至るまで職務記述書の文言は実質的に全く同じである。このことは、各役職グループが、単に業務上のライン組織を支えるための、企業内ヒエラルキーを支えるうえで最低限必要な機関としてのみ認識されていることを示唆する。つまり、職務記述書が人事管理の手段として果たす役割は、大きくない。[23]

仮に、厳格な役職評価に基づく社員格付、目標管理に基づく「成果主義型」インセンティブ、査定に基づき上昇する俸給バンド形式の基本給、詳細な職務記述などの組み合わせを導入することが、マネージャーの人的資源管理の「国際的収斂」ととらえるならば、アルディは今日まで、この傾向から全く無縁である。一方で、世界金融危機の直前までにドイツの輸出志向型企業は押しなべて、このような意味での「国際的収斂型」の人的資源管理に移行している。このような、伝統モデルと「国際的収斂型モデル」が、ドイツの大企業の企業内慣行において併存している状況に対し、ここでは仮説的に、以下のような説明を行っておく。

輸出志向企業は、市場確保の必要上、国内の企業内組織の編成方式と主要な輸出先におけるそれとの整合性を強く意識せざるをえない。このことは、人的資源管理において、強くあてはまる。というのも、国外でのプレゼンスの重要性から、より通用度の高い、デファクトスタンダードとなっている基準を全社的に用い、全ての役職の位置づけを国際的に比較可能なものにする必要があるためである。

一方、内需志向企業は、自身の戦略とビジネスモデルが、国内市場に参入した外国の競合企業のそれに対し競争優位を維持することに成功するならば、伝統的な組織編成をデファクトスタンダードに近づける必要性は、少なくなる。また、内需志向企業は、もっぱら国内から人材調達を行う。

このように、輸出志向企業と内需志向企業であるアルディを比較すると、ドイツでは雇用システムに関する国内的多様性が確認できる。一方はデファクトスタンダードに近づく一方で、一方は伝統的な要素を色濃く保持し続けている。

雇用システムと多様化の国際的収斂を論じた山内（二〇〇三）は、制度社会学における技術環境と制度環境の組み合わせに関する議論を整理した。このうえで、卸小売業を、国内の制度圧力が弱く国際的な競争圧力が強い分野と位置付け、雇用システムについても競争的多様性が生まれやすい分野と説明した。[24]だが、アルディの事例は、卸小売業に関しては、国内市場においてある卸小売業の業態をとる企業が勝ち残った場合、逆に伝統的な雇用慣行が安定的なベストプラクティスとして残る余地があることを示す。

6 技能形成・雇用ルール

次に、アルディにおける技能形成の在り方を探ることで、雇用ルール上の特徴を明らかにしようと試みる。

まず、販売員の職業資格は、通常は二年の企業実習を含む職業教育によって取得される。職業訓練生は、段階的に販売員と同じ業務ができるように教育されるため、最終的に販売員と全く同じ仕事を行う。販売員は、レジ業務のみならず、商品の搬入や搬出、商品の陳列、商品の状態や賞味期限のチェック、在庫のチェック、顧客の苦情対応など、事実上、店舗を切り回すための現業すべてを担当する。

次に、大卒トレイニーは、エリア・マネージャーとしての能力を習得するために、店舗業務・店長代理から始まり全機能部門の業務を一通り体験するＯＪＴプログラムに参加する。プログラムの中心は店舗業務である。ここは、現場の労働組織に埋め込まれた業務知識を短期の間に集中的に学ぶ。競合のリードルでも、マネージャーは例外なく、また、ヒエラルキー上の高低を問わず、まず店舗でのＯＪＴからキャリアをスタートさせる。[25]

大卒トレイニーは、店長の業務をこなせるようになると、グループ・センターにおいて、各機能部門の業務を一通り経験する。この一年間のプログラムを終了すると、エリア・マネージャーの代理を担当し、エリア・マネージャーとしての仕事をＯＪＴで覚える。この後、正式にエリア・マネージャーに昇進し、国内で五年程度当該役職として勤務する。この間に、幹部候補として認識されると、二～三年の海外の事業会社における勤務を打診される。ここで認められれば、事業会社の機能部門の長への道が待っている。ここからは、上位のマネージャーまで昇進するための前提としての能力形成は、一貫した、そして規則化されたジョブローテーションを通じて行われていることがわかる。この点は、ドイツの他の大企業と比べて違いはない。

シュトラウプは実習中に、全社員の人事書類の閲覧を許されている。この時の観察結果に基づき、アルディの店長が入社前に取得していた職業資格について説明している。これによると、各店長の入社前の職業資格には、決まったパターンが存在しない。[26] ドイツ企業において、入社前に取得した職業資格と、当該従業員に対し企業が認定する職業遂行能力が一致しない事例は少なからずみられる。[27] このような現象は、ドイツ企業でも、職業資格に縛られない労働力の投入を認める柔軟性が存在することを示唆する。

現在のアルディでは、店長とエリア・マネージャーとの間で、明確なヒエラルキー上の壁が存在している。各グループに入職するための資格は、一方は職業教育、一方は大卒となっており、全く別のコースに分けられている。一方で、シュトラウプは、かつては非大卒の、いわゆる、たたき上げ型のキャリアも存在したことを報告する。[28] だが、今日ではエリア・マネージャーには、例外なく大卒者が配属されるとしている。[29]

いずれにしても、大卒・非大卒の違いを除けば、入社前の職業教育の種類は、さほど重視されていない。同社において当該職務を行使する際に求められる条件はあくまで、アルディ内での実務経験である。その意味では、同社の人材調達の在り方は、主に内部労働市場に依存している。

シュトラウプは一方で、企業内ヒエラルキーの高低を問わず、アルディにおいて遂行される業務が、高度に標準化されていることを強調する。標準化の度合いの高さゆえに、全ての業務が迅速かつ潤滑に前任者から新任者に委譲されうるとする。そして、事業会社の社長から職業訓練生に至るまで、企業内の全業務への習熟は比較的短期間で可能であり、同じ職務に数年間従事すると、誰でも同様の生産性を達成できると断言する。

常識では、個人の能力次第で業績に大きな差がつくと思われるマネジメント業務でも、この構図が当てはまる理由は、以下の様である。業務上の意思決定を行うのは事実上、中下層のマネージャーに限られる。各業務が高度に標準化されているため、特定の職業教育に対応した高度な知識を入社前に獲得し、かつ、特定の機能部門で高度な専門的技能を蓄積することが、キャリアとして高く評価される余地が、そもそも存在しない[30]。機能部門の長や事業会社の社長といった高位のマネージャーはおしなべて、社内のジョブローテーションを経て昇進してきたゼネラリストである。しかも、その役割は単にラインの上司として、部下を監督・指導することのみである。この状況下では、彼らの企業組織マネジメント上能力の高低、あるいは特定の専門分野についての高度な知識の有無は、さほど重要性を持たない[31]。

以上に整理されたアルディにおける技能形成に関する事実関係を、マースデンの理論モデルに基づくドイツ企業の雇用ルールのパターンを対比してみると、以下のような特徴が浮かび上がる。

マースデンによれば、効率的な生産を達成すべく、使用者が各職務を労働者の能力と一致させるためには、生産アプローチと訓練アプローチそれぞれに基づく二つの主要な方法がある。前者を採用した場合、企業内の財やサービスの生産過程から生まれる技術的な必要性と補完関係に労働者を合わせるべく、彼らに訓練が施される。後者を採用した場合、特定の職業別労働市場に対応して特定された職業資格を労働者に与える職業教育訓練システムが存在するため、これらによる職業訓練を通じて労働者が獲得した技能の範囲に対応するように、使用者が企業内の業務や職務を設計する。

マースデンはさらに、労働者への業務の配分に際する透明性を確保し、使用者が労働者に無制限に業務を割り当てるような機会主義的な行動をコントロールすることを通じ、労働者の職務履行を可能にするための雇用取引上のルールとして、業務優先ルールと機能優先ルールを挙げる。前者は、経営者が個々の労働者に割り当てる業務の性質を特定化することにより、この目的を達成する。後者は、個々の労働者と割り当てられる業務の種類にあらかじめ一対一の関係を設けず、両者の柔軟な組み合わせの余地を認めたうえで、労働者に割り当てられる業務のカテゴリーを各時点で決定するための手続きおよび基準を明確化することで、経営者の業務配分の権限をコントロールする。

マースデンは、ドイツの雇用ルールを、効率性の観点からは、訓練アプローチ、履行可能性の観点からは機能優先ルールと位置付け、同国の企業はこの組み合わせで労働編成を行っていると論じる。

しかしながら、この構図をアルディにそのまま当てはめることは、難しい。というのも、同社の社員は本質的に、入社前の職業資格とは独立に、内部労働市場を通じ養成されている。店舗レベルでは、各社員が販売員などの職業資格を取得してはいる。だが、それはあくまで、アルディ内でのＯＪＴの結果得られた、いわば副産物である。

アルディでは、企業内で遂行されるべき業務が、標準化されたサービスの生産過程に合わせてあらかじめ完全に設計されている。そのため、ここから生まれる技術的な必要性と補完関係に労働者を合わせるべく、各労働者がＯＪＴを通じて訓練されるのであり、企業外部の職業訓練を通じて取得した技能に合わせて業務や職務が設計される余地は、存在しない。その意味で、同社は、生産アプローチを採用しているといえる。

一方、履行可能性の側面では、店長から職業訓練生にいたるまで、あらゆる職務と業務が課せられうる現実を考慮すれば、業務優先ルールが適用されていないことは、明らかである。一方、機能優先ルールが適用されているのかについてであるが、そうとは断言できない。というのも、後述するが、現場のレベルでは、業務配分に関する使用者の権限をコントロールするための手段が欠けている。

このことは、従業員代表委員会が十分に機能していないことと関係していよう。[32] このような状況下では、労使協議制を通じ、各従業員グループが行える業務の内容を限定する道は閉ざされている。[33] ドイツ企業における機能優先ルールの貫徹に関しては、労使協議制が機能している必要がある。また、マースデンは、職業資格制度と結びついた熟練労働者のための職業別労働市場が、ドイツ企業の業務配分に関するルールに大きな影響力を持つことを想定している。だが、この想定は、ディスカウンターには当てはまらない。

マースデンのモデルは、輸出志向の製造業の雇用システムに関しては、ブルーカラーのそれに限定する限り、相当に説得力のある説明を提供している。しかしながら、内需志向産業の事例を検討してみると、果たしてそれが全面的に適用可能であるかどうかは、疑わしい。

7 仕事管理・業績管理

労働力活用の効率化をもたらす手段としての仕事・業績管理に注目する必要性は、中村・石田(2005)が強調するとおりである。そのため、好業績企業であるアルディの仕事管理の在り方を分析することには、意味がある。

ディスカウンターにおいては、業績を左右する四つの重要指標が存在する。それは、売上高、仕入価格、各期末の在庫・棚卸資産の状況、人件費である。したがって、仕事管理においても、この四つの指標の組み合わせを最適化するための方法が採用される。このうち、売上高と人件費との組み合わせだけを見ると、二〇〇〇年代においてディスカウンターの売上高全体に占める人件費の比率は六・八%にとどまり、総合スーパーの一八・八%、通常のスーパーマーケットの一二・五%、小規模スーパーマーケットの一五・三%と比較しても、はるかに低い[34]。つまり、ディスカウンターが数字の上では、極めて効率的な労働力利用を達成していることがわかる。そこで以下では、同業会がいかなる仕事管理によりこれを達成しているのかを、検証してみる。

(1) 売上最大化

廉価な商品を扱うディスカウンターでは、いかに多くの商品を売却するかに売上最大化の成否がかかる。これを実現するために、アルディでは、一時間に少なくとも九〇人の顧客に対するレジ業務をこなすノルマが課されるとされる。[35]これを監視する目的で、探偵的購入行為、隠しビデオを通じた探偵による販売員の監視が行われてきた。[36]

また、各レジにはレジスキャンの速度を表示するモニターが組み込まれている。これを通じ社は、各販売員のノルマ達成状況を可視的に確認する。

各店舗には、同じ事業会社の全店舗の売上高を記録したリストが定期的に配布される。これが店長同士の競争意識を高めるために利用される。

さらに、ディスカウンターは、陳列商品の欠品をタブー視する。というのも、これが商品回転率にネガティブな影響を与えるためである。そのため、欠品を起こさぬように商品発注を行っているかどうかを、エリア・マネージャーと販売部長が店舗を抜き打ち訪問して確認している。恒常的に商品の欠品が認められた場合、店長に対する警告が行われる。

(2) 仕入れ価格の引き下げ

ディスカウンターにおけるコストのうち最大のものは、仕入価格であり、大体売上高の8割程度を占める。そのため、ディスカウンターでは、最大限まで仕入れ価格を引き下げる誘因が働く。このことは、これまでに、商品を納入する生産者とディスカウンターの間における仕入れ価格をめぐる交渉における紛争の種となってきた。[37]

アルディでは、生鮮食品に関しては、グループ・センターのガイドラインを遵守しつつ、各事業会社の仕入部門が自律的に仕入を担当している。

このうち、野菜・果物は、インターネット・オークションを通じた納入業者からの落札方式により、仕入価格を最小化する方式を採用している。

パン・ケーキに関しては、各事業会社は二社以上の中小規模の製パン会社を納入業者として取引を行う。精肉は、決まった業者から納入している。[38]

ただし、このような取引関係が、必ずしもディスカウンターと納入業者間の良好な関係につながってはいない。というのも、ディスカウンターは無印良品の廉価販売を行うため、納入業者として交渉力が弱い中小零細の企業を選ぶ傾向がある。したがって、ディスカウンターからの多量の受注を継続させるために、これらの企業は、不条理な仕入れ価格の要求を受け入れざるをえない。[39]

(3) 棚卸資産、在庫の管理[40]

各店舗において売上高に次いで重要視される指標は、毎期末の棚卸資産の状況である。これは、売上高に占める棚卸減耗費の比率で測定される。

一方、いくつかの特定の店舗では、生鮮食品の腐敗など自然に発生する商品の損失では説明不可能な、高い減耗率が発生する。

この主因は、①店長が売却不可能な量の商品を発注する、②店員や顧客が商品を破損する、③店員がレジで商品をスキャンせずに顧客に渡す、④商品の価格バーコードが正しく貼られていない、⑤社員や顧客が商品を盗む、⑥グループ・センターがわざと店長の発注量より多い商品を搬入させる、などに大別される。

このうち、①については、各店長が業務に習熟し、最適な注文量のコツをつかむことで解決が可能である。⑥は、店長の勤務態度を検査するために社が組織的に行っている。これにより店長が緊張感をもって納入量をチェックする誘因が生まれる。

③、④に対しては、探偵的購入行為と隠しカメラによる監視を恒常的に行い、販売員がミスをしないように厳しく監視し、損耗を低める手法がとられる。

異常な減耗率の主因は多くの場合、⑤とされる。窃盗による被害額の六割は顧客により発生しているが、残りの四割は自社の従業員によるものとされる。[41] 特に損害を増やすのは、一度に多量の商品を窃盗するケースである。これを防ぐために、店内にはくまなく監視用のカメラが設置されている。この後も棚卸減耗が生じ続けている場合、アルディが提携する外部の私立探偵に調査を依頼する。

一方で、ディスカウンターの店長は、棚卸減耗率を理由とした上からの圧力をかいくぐるために、様々なごまかしの手段を発達させている。[42] 彼らがこのような手段に訴える背景には、経営陣側の過剰な業績圧力・厳しい監視体制、および労使相互の信頼関係の不足が未解決のまま放置されている状況がある。

(4) 人件費の管理[43]

アルディでは各店舗の人件費の管理は極めて重視される。これを実現するためには、①給与支払いの対象となる労働時間を抑制する、②できるだけ時給の低い労働力を投入する、③特別経費(主に退職金により生じた一時支払)の支出総額を最小限にとどめる、といった手段がとられる。

①については、以下の方法がとられる。

アルディでは、二〇〇四年に出退勤管理システムを導入した。これを厳格に運用する限り、従業員の労働時間は正確に把握されるため、総労働時間を削減しつつ売上高を上げるには、単位時間当たりの従業員の生産性を上げるしかない。

しかしながら、店舗業務においては、協約が定める週労働時間である三七・五時間をはるかに超えた、五〇~五五時間にわたる勤務が常態化している事実が、これまでに暴露されてきた[44]。

長時間労働の一原因は、正規の勤務時間に算入されない未払い労働時間の存在である。加えて、各店長が販売スタッフの労働時間を事後的に、勤務時間の超過がないように帳尻をつけて本部に報告する慣行が常態化していたことが、この状況を支えてきた。このような仕組みにより、従業員の実際の総労働時間をはるかに下回る労働時間しか社側は把捉していないこととなり、給与総額もその分抑制される。つまり、実際の労働時間に対応した給与総額を支払わない仕組みにより、人件費抑制を実現してきた。なお、長時間労働の理由について、店側は公式には、従業員の自由意思で行われていると説明することが多かった[45]。

②については、以下の方法がとられる。

アルディでは、全ての業務が高度に標準化されているために、数年のOJTでこれらに対する熟練が達成されるだけでなく、職業資格を問わず、各職務が代行可能な構造となっていることは指摘した。これにより、上位の役職を下位の役職者によって代替させることが可能となっている。

店舗レベルでは、店長の職務を、恒常的に副店長に代行させる慣行が観察される。これにより、店長一人当たりの人件費を削減できる。

また、アルディの平均的な店舗では、全従業員数のうち二五％程度を職業訓練生が占めている。独小売業の全平均では、この数字は六〜七％程度であるため[46]、極端に多くの職業訓練生が採用されていることになる。

職業訓練生は、三か月もOJTに従事すれば、販売員としての業務が完全にできるようになる。一方で、職業訓練生の報酬は、通常の販売員の半分程度の額で支給されるため、彼らに販売員の仕事を任せることにより、コスト削減が期待できる。つまり、職業訓練生を業界水準よりも多く受け入れ、事実上の労働力として投入することにより、コスト抑制が実現される。

つまり、給与額の高い社員を低コストの労働力で代替することにより、労働時間当たりの人件費を下げている。長期勤務した比較的高齢の従業員も給与額が高いため、代替すべき労働とみなされる[47]。これが個別事例なのか、恒常的に行われてきたのかを判断する材料は限られる。だが、北部グループの事業報告書に記された従業員の年齢構造を見ると、五〇歳以上が一四・七％となっている[48]。これを、ケルン・ドイツ経済研究所による、ドイツ小売業の従業員のうち五〇歳以上が三二％を占めるとした統計結果[49]と比較すると、アルディでは、少なくとも、高齢の従業員の雇用が業界平均を大きく下回っていることが明らかである。

③については、以下の方法がとられる。

このような特別経費は主に、アルディ側の希望に基づき、労働関係終了契約の締結により、従業員を離職させる際に発生する。この場合、離職が正当化される理由を立証できなければ、使用者側は相応の退職金を支払う。

アルディにおける離職の理由で最も多いのは、重大な労働契約違反、および問題ある行為をとがめられての即時解雇である。同じ行為に対し、上司による警告が繰り返し行われた場合、これを正当化する理由となる。だが、アルディの場合、身に覚えのない様々な罪状を突如として警告されるか、あるいは過剰な探偵的購入行為により職務怠慢の既成事実が作り出され、解雇が宣告された事例が多く報告されてきた。

懲戒的な即時解雇、および自らの意思による離職は、退職金支払いの対象とはなりにくい。そのため、人員削減の必要が生じた場合、この種類の離職を増やすことで、特別経費の支出額を最小限に抑えることが可能となる。

実際には、アルディ側の措置に対し、異議を唱える従業員が後を絶たない。同社では、従業員利益代表を通じ、離職のありかたの可否をめぐり使用者側と協議する余地はない。そのため、従業員とアルディの間で起こった離職を巡るトラブルは、裁判にまで発展するケースが多い。裁判の結果は、証言を総合する限り、アルディに対し退職金あるいは賠償金の支払い、場合によっては、当該従業員の再雇用を命じる判決が出されることが多い。

したがって、アルディが特別経費の抑制を通じて、人件費の削減を図る余地は限られている。一方で、ここからは、アルディの雇用政策上の大きな問題点が浮かび上がる。それは、解雇あるいは自主退職を促すことで、社の人事方針に合致しない従業員を排除する慣行が存在することである。年齢が若くかつ人件費が低くて済む職業訓練生を多く雇い入れ、かつ、これを新人で次々と入れ替える慣行とこのことは、相互に制度的補完関係にあるとみられる。つまり、事実上の「Hire and Fire」が、同社における雇用システムを支える、ひとつの基本原理とされている可能性がある。

(5) フィードバック・システム

今日のドイツ企業において上司が部下の働き方をコントロールする際に中心的な役割を果たすのは、フィードバックである。つまり、上司が必要に応じ、冷静な観察に基づき、部下の働き方の問題点や優れた点を洗い出し、よりよい働き方ができるように指導することが重視されている。

このような考え方は、Kocka(1969)が説明したような官庁組織をモデルにした伝統的なドイツ企業の組織運営の在り方、そして科学的管理法に基づく労働管理に代わり、第二次世界大戦後に、従業員の人間的要素を重視した人的資源管理の組織化が進んだことで生まれた。このため、上司に必要とされる能力も、部下とのコミュニケーション能力、コーチングの能力、コンフリクト仲裁能力、そして、部下をよりよいチームワークに促すそれに変化してきたとされる。

このような姿勢を示すために、ドイツの各企業は一九七〇年代ごろから、マネジメント原理を明文化してきた。アルディも例外ではなく、上司の部下への接し方、フィードバックの基本方針を含めたマネジメント原理が編集され、上司の立場となる社員に配られている。[51] これによれば、個人面談形式のフィードバックの機会が設けられている。

一方で、アルディの社員が個人面談に呼び出されると、それは多くの場合、批判面談である。つまり、当該従業員の働き方に関し、上司による徹底的な批判が行われる。批判の根拠としては、客観的な指標にとどまらず、会社側が集めた証拠能力に問題がある資料も多用される。これにより、従業員個々人の働き方にとどまらず、個々人の小さなエピソードから性格に至るまで攻撃の対象となる。[52]

面談の趣旨は多くの場合、上司により批判の対象とされた行動をとった事実を、当該従業員に認めさせることにある。これがかなりの頻度で、自己都合退職を従業員に受諾させることに帰結している。

これらの証言からうかがう限り、アルディにおける個人面談は、現代的な意味でのフィードバックの役割を果たしていない。確かに、そこでは彼らの働き方がテーマにされてはいるが、実際には、社にとって都合の悪い社員を最小限のコストで退職させるための機会として機能している。

上記よりうかがえることは、フィードバックの仕組みが公式に整えられていることと、それが実際に、従業員の働き方の改善および能力・キャリア開発という目的のために機能しているかどうかは、各企業が企業戦略を実現するために実際に採用している、マネジメント・スタイルに依存するということである。

(6) 「アップ・オア・アウト」

長期雇用が今日まで根強くドイツ企業で継続されている事実は、石塚(二〇一六)が指摘している。

しかし、用いられた事例は輸出志向産業に限られ、内需志向産業については言及されていない。一方で、本章の議論からは、アルディでは、社の戦略展開上、都合の悪い従業員の離職を促してきた状況が浮かび上がる。

このような離職を、幹部候補としてのエリア・マネージャーが促された事例も報告される。[53] これは具体的には、以下のような状況で発生する。エリア・マネージャーとして良好な業績を上げると、海外で二〜三年間の勤務をするように要請される。だが、これを断った場合には、継続勤務することは許されず、自己都合退職を求められるとされる。

これが恒常化しているとすれば、幹部候補社員のキャリアは、昇進、もしくは自主退職の二つの道しか開かれていないことになる。つまり、文字どおり「アップ・オア・アウト」が、人的資源管理の基本原則とされていることとなる。

Lazear (1998) では、アップ・オア・アウトが労働者の質を高める側面がある一方で、これを実行することのコストが、多くの場合、その価値を上回ると指摘される。[54] それにもかかわらず、同社がこの方針を維持する理由は、これまで論じた通り、企業特殊的な熟練を達成した従業員を社内に保持するインセンティブが、皆無に等しいことにあろう。

8 雇用労働に関する新しい像

以上、アルディ社の事例分析を通じ、これまで国際比較研究との関係においてほとんど顧みられなかった、ドイツにおける内需志向産業の人的資源管理の現状を探り出してきた。

結論として、ディスカウンターにおいて実施されている人的資源管理は、ドイツ企業の代表として扱われることの多い、輸出志向の製造業の分析から抽出されるそれとは、相当に異なることが明らかになった。

注意すべきは、アルディの人的資源管理がアルディの企業戦略とは整合的であり、かつ業務モデル、技能形成の在り方などと、制度的に相互補完関係に立ちつつ、企業経営の観点からは、効率的に機能していることである。

ディスカウンター間では商品価格がすでに競争的均衡を迎えてしまっているために、労働力の徹底した効率利用を可能にするアルディのモデルから逸脱することは、ディスカウンターとしての競争優位性を失うこととなる恐れが生じる。これが、全ディスカウンターが、マスコミや労組などにより告発されてきた企業内慣行をいまだに続ける動因となっているとみられる。

本章における分析を経て、新たな問題提起を行うとすれば、アルディの人的資源管理の在り方が果たして、ドイツ企業全体としてみて、異端の存在といえるのだろうかということである。

また、アルディは、一九七〇年代以前のドイツ企業の伝統的な企業内慣行を維持している。加えて、アルディのマネージャーに支配的な、部下に対する高圧的な接し方は、かつてドイツ企業に広くみられたマネジメント・スタイルである[55]。特に、第一次世界大戦以前には、「Herr im Hause」という言葉に象徴されるような、家父長的な経営姿勢が長く支配的であったことは、よく知られている。

こうした事実を考慮すると、アルディは、ドイツ企業の伝統的な人的資源管理のモデルを引き継いだ企業としての性格が強いことがわかる。ディスカウンター業界以外にも、同様に伝統的なモデルに基づく人的資源管理を構築している企業が存在したと仮定しても、おかしくはなかろう。国際的な評判に影響されやすい輸出志向のメーカーとは異なり、国内で成功している内需志向企業においては、既存のモデルを放棄する動因は働きにくいと考えられるためである。

この推論が正鵠をついているとすれば、これまでの雇用労働に関するドイツに関するステレオタイプ的な理解は修正を余儀なくされることになる。また、同国を参考として、今後の日本の労働に関する政策提言を行おうとする論者にも、想定の変更を促すことになる。

もちろん、上記の議論に決定的な説得力を与えるためには、内需志向産業全体に渡る事例研究を積み重ねる必要がある。しかし、そのための作業は本章の役割を超えるため、別稿に委ねたい。

［注］

1　ドイツのディスカウンターのビジネスモデルを説明した邦語文献として、吉田（二〇一二）が挙げられる。

2 EHI (verschiedene Jahrgänge) 参照。

3 "Trüffelpasta und Chichi", in: *Der Spiegel*, Nr. 39/24.9.2016, pp.60-62.

4 Bundesministerium für Arbeit und Soziales (2013) を参照。

5 Hamann and Giese (2004).

6 Bormann et al. (2005), p.16.

7 以下の記述は、"Überwachungsskandal: Lidl gibt Bespitzelung zu"; "Lidl entschuldigt sich bei Mitarbeitern" in: stern.de, 25.3.2008; 27.3.2008に基づく。

8 Straub (2012) 参照。シュトラウブは大学卒業後の二〇〇七年、南部グループに大卒トレイニーとして入社した。エリア・マネージャーとして二〇一一年まで勤務した後、人間関係上のトラブルが契機となり即時解雇された。

9 Straub (2013) 参照。

10 Paul and Straub (2012) 参照。

11 Brown (2016) 参照。

12 たとえば、二〇一二年から今日まで、ディスカウンターの商品の品質や従業員の状況について実地調査を基づきチェックする、Aldi-Check、あるいはDiscounter-Checkと称される番組が人気を集めている。

13 ALDI-Nord (2016) およびALDI-Süd (2016) を参照のこと。これらは、北部グループと南部グループの基本情報を記載している。

14 以下の情報は、ALDI-Süd (2016) を参照。

15 Bormann et al. (2005), p.16.

16 ALDI-Nord (2016) およびALDI-Süd (2016) を参照。なお、最近のドイツにおける協約の説明については、岩佐（二〇一五）を参照のこと。

17 https://karriere.aldi-sued.de/de/Sch%C3%BCler/Ausbildung/Ausbildungsberufe/Verk%C3%A4ufer-und-Kaufmann-im-

Einzelhandel　参照（二〇一六年一二月二〇日閲覧）。

18 BAVC (Bundesarbeitgeberverband Chemie e.V.), Presse-Information (24.4.2007) 参照。

19 "Erstmal im Schlamm liegen", in: *Der Spiegel*, Nr. 34, 20.8.2016, pp. 68-70およびBrown (2016) 参照。

20 VAA (2010) *Gehalts- und Bonussystem*, Köln.

21 たとえば、輸出志向企業においては、一九七〇年代以降、ヘイグループなどの役職評価システムに基づく社員格付け制度、一九九〇年代以降は、目標管理制度に基づく成果型報酬制度が段階的に導入されてきた。これについて、化学産業の大企業については、石塚（二〇一六）、同（二〇〇八）、ヘンケルについてはFeldenkirchen and Hilger (2001), pp. 179-182、ジーメンスについてはFeldenkirchen (2003), pp. 366-369を参照。

22 石塚（二〇一六）では、署名権を含めた属人的な人的管理を可能にしてきたバイエル社の伝統的な社員格付の慣行が、一九七〇年代半ばに役職基準の社員格付によるそれに置き換えられた状況が説明される。

23 このことは、ドイツ企業では、職務記述書の伝統自体が存在しなかったことと関係があると思われる。ドイツ企業において、厳格な職務記述書がマネジメントの手段として活用されていなかったことは、Stewart et. al. (1994), pp. 17-23, pp. 28-34にも指摘がある。

24 山内（二〇一三）、pp. 39-41参照。

25 "Erstmal im Schlamm liegen", in: *Der Spiegel*, Nr. 34, 20.8.2016, pp. 68-70およびBrown (2016) 参照。

26 Straub (2012), pp. 226-227.

27 たとえば、石塚（二〇一五）では、化学企業で実験助手が大卒化学者として雇用された事例、また、大卒エンジニアが設計技術者として雇用された事例などが説明される。

28 Straub (2012), p. 223.

29 *Ibid*, p. 260.

30 たとえば、Straub (2013), p. 88-91では、グループ・センターの事務員の証言を挙げ、高位のマネージャーはアルディ生え抜きの社員である一方、各機能部門のスペシャリストではないとしている。

31 このような理由から、*Ibid*, pp. 202-203では、機能部門の長と事業会社の社長の労働は「最も高所得のパートタイマー」のそれと揶揄され、中下層の管理職に比べ、はるかに楽であると報告される。

32 "Aldi torpedierte Betriebsratswahlen", in: *Süddeutsche Zeitung*, 30.4.2012参照。同記事では、従業員代表委員会の選出を試みた三名の社員が、上部からの嫌がらせにあい、退職した経緯が報告される。

33 ドイツの労使協議制を通じた職業訓練生に対する業務割当ての制限に関する議論については、Marsden and Ryan (1991)を参照のこと。

34 ＥＨＩ (verschiedene Jahrgänge) 参照。

35 Bormann et al. (2005), p.16.

36 Straub (2012), pp. 157-160参照。

37 たとえば、Bormann et al. (2005), pp. 20-21によれば、二〇〇五年に、アルディに生乳を納入する酪農家たちが生乳買い上げ価格の引き下げ要求に抗議し、生乳を牧草地に撒き捨てる抗議行動を起こした。

38 Straub (2012), pp. 213-216では、仕入部長が製パン会社により提案された新商品を一蹴し、即刻の改良を要請した様子が描写される。

39 注37を参照のこと。

40 以下の記述は、Straub (2012), pp. 148-166を参考にしている。

41 ディスカウンターでは、預託金返却の対象となる容器をレジで回収し、預託金を返却するか購入商品価格と相殺してきた。このため、販売員が、実際に回収したより多くの飲料容器の数をレジに打ち込み、預託金をかすめ取る行動がみられた。

42 これについて、"Erstmal im Schlamm liegen", in: *Der Spiegel*, Nr. 34, 20.8.2016, pp. 68-70およびStraub (2012), p. 151参照。

43 以下の記述は、Straub(2012), pp. 166-193を参考にしている。
44 従業員の証言に基づくアルディ北部グループの長時間労働の事例報告は、“System der Angst”, in: *Der Spiegel*, Nr. 44, 26. 10. 2009, pp. 80-82などにみられる。
45 Straub(2012), pp. 174-179参照。
46 ドイツ小売業連盟のＨＰ参照(http://www.einzelhandel.de/index.php/themeninhalte/bildung/item/125613-ausbildungsaktivit%C3%A4ten-im-einzelhandel-aktuelles-aus-dem-bibb-datenreport-2015参照(二〇一七年二月一一日閲覧)。
47 Straub(2013), pp. 76-87など参照。
48 ALDI-Nord(2016), p. 59.
49 Institut der deutschen Wirtschaft in Köln(2016).
50 石塚(二〇〇八)、第一章。
51 Unternehmensgruppe Aldi-Süd(Verschiedene Jahrgänge) *Führungs-und Organisationsgrundsätze*, Solingenがそれである。中古本がインターネット上で出回っている。
52 詳細は、Straub(2013)に掲載された多数の当事者の証言を参照のこと。
53 アルディの事例として、Straub(2012), pp. 282-284を参照。
54 Lazar(1998), pp. 526-528.
55 たとえば、Duisberg(1985)では、大規模化学企業である旧IGFarben社において上司の高圧的なマネジメント・スタイルにより精神的なダメージを受ける社員が出現し、心理的なケアを行う部署が置かれたことが報告される。

［参考文献］

中村圭介・石田光男編(二〇〇五)『ホワイトカラーの仕事と成果——人事管理のフロンティア』東洋経済新報社。

石塚史樹（二〇〇五）「グローバリゼーション下のドイツ企業と管理層職員：旧ヘキスト社の事例」（工藤章、井原基編『企業分析と現代資本主義』第4章、ミネルヴァ書房、九〇－一三三頁）。
石塚史樹（二〇〇八）『現代ドイツ企業の管理層職員の形成と変容』明石書店。
石塚史樹（二〇一五）「ドイツ化学企業のエンジニア層の現場主義――ゴールトシュミット社の人事書類の分析」（谷口明丈編『現場主義の国際比較：英独米日におけるエンジニアの形成』第3章、ミネルヴァ書房、六七―九八頁）。
石塚史樹（二〇一六）「ドイツ企業における高度専門人材の人的資源管理：その歴史的変容と現状」（労働政策研究・研修機構『米国・ドイツ企業の雇用管理の変化と実態――日本における職務限定正社員制度における参考として』ＪＩＬＰＴ資料シリーズ、No.一七三、三二－九一頁）。
岩佐卓也（二〇一五）『現代ドイツの労働協約』法律文化社。
山内麻理（二〇一三）『雇用システムの多様化と国際的収斂』慶應義塾大学出版会。
吉田猛史（二〇一二）「ビジネスモデル設計の基本枠組みとその現実適用可能性の探求：ドイツ小売企業アルディのビジネスモデル分析を基にして」『青山経営論集』第四七巻第三号。
Albert, M. (1991) *Capitalisme contre Capitalisme*, Paris: Seuil.（小林はるひ訳『資本主義対資本主義』竹内書店新社、一九九二年）
ALDI-Nord (2016) *Unternehmensgruppe ALDI-Nord, Nachhaltigkeitsbericht 2015*, ALDI Einkauf GmbH&Co. oHG, Essen.
ALDI-Süd (2016) *Internationaler Bericht zur Unternehmensverantwortung 2015*, ALDI Einkauf GmbH&Co. oHG, Unternehmensgruppe ALDI SÜD CRI, Mülheim an der Ruhr.
Bormann, S., Deckwirth, C., Teepe, S. (2005) *Grenzenlos billig? Globalisierung und Discountierung im Einzelhandel*, Druck Vogt Berlin.
Brown, C. (2016) *Der Sinn des Lebens*, AAVAA Verlag, Berlin.
Bundesministerium für Arbeit und Soziales (2013), *Lebenslagen in Deutschland: Der vierte Armuts- und Reichtumsberichterstattung der Bundesregierung*, Bundesministerium für Arbeit und Soziales, Bonn.

Duisberg, C. (1985) *Nur ein Sohn. Ein Leben mit der Großchemie*, Busse-Seewald Verlag, Stuttgart.
EHI Retail Institut (verschiedene Jahränge) *Handel Aktuell*, EHI, Köln.
Feldenkirchen, W. and Hilger, S. (2001) *Menschen und Marken: 125 Jahre Henkel 1876-2001*, Stürz AG, Würzburg.
Feldenkirchen, W. (2003) *Siemens. Von Werkstatt zum Weltunternehmen*, Pieper Verlag, München.
Hall, P.A. and Soskice, D. (eds.) (2001) *Varieties of Capitalism: The Institutional Foundations of Comparative Advantage*, Oxford, New York: Oxford University Press.（遠山弘徳・我孫子誠男・山田鋭夫・宇仁宏幸・藤田奈々子訳『資本主義の多様性――比較優位の制度的基礎』ナカニシヤ出版、二〇〇七年）
Hamann, A., Giese, G. (2004) *Schwarzbuch Lidl-Billig auf Kosten der Beschäftigten*, Ver.di. Medien Buchhandel Verlag, Berlin.
IAB (Institut für Arbeitsmarkt- und Berufsforschung) (2017) *IAB-Forschungsbericht 2/2017: Arbeitsmarktspiegel-Entwicklungen nach Einführung des Mindestlohns*, IAB, Nürnberg.
Institut der deutschen Wirtschaft in Köln (2016) *Beschäftigung im Einzelhandel*, Institut der deutschen Wirtschaft in Köln.
Katz, H. and Darbishire, O. (2000) *Converging Divergences: Worldwide Changes in Employment Systems*, Ithaca: Cornel University Press.
Kocka, J. (1969) *Unternehmensverwaltung und Angestelltenschaft am Beispiel Siemens 1847-1914*, Ernst Klett Verlag, Stuttgart.
Lazear, E.P. (1998), *Personnel Economics for Managers*, New York: John Willy & Sons（樋口美雄・清家篤訳『人事と組織の経済学』日本経済新聞社、一九九八年）
Marsden, D.W. (1999) *A Theory of Employment Systems: Micro-Foundations of Societal Diversity*, New York: Oxford University Press, Inc.（宮本光晴・久保克行訳（二〇〇七年）『雇用システムの理論』ＮＴＴ出版）
Marsden, D.W. and Ryan, P. (1991) "Institutional aspects of youth employment and training policy", *British Journal of Industrial Relations*, 29 (3), September, pp.497-505.
Paul, W. and Straub, A. (2012) *Der Schatten: Im Visier des Privatdetektivs*, Rowohlt Taschenbuch Verlag, Reinbek.

Stewart, R, Barsoux, J.D., Kieser, A., Ganter, H.D., Walgenbach, P. (1994) *Managing in Britain and Germany*, St. Martin's Press, New York.
Straub, A. (2012) *Aldi-Einfach billig: Ein ehemaliger Manager packt aus* (5. Auflage), Rowohlt Taschenbuch Verlag, Reinbek.
Straub, A. (2013) *Inside Aldi&Co.*, Rowohlt Taschenbuch Verlag, Reinbek.

ディスカウンターの思わぬ効用

私は、当事者へのインタビューに基づき論文を書くことが多い。だが、今回の原稿は主に二次資料を典拠として書いたため、聞き取りで遭遇する、意外なこぼれ話を本論に盛り込めなかった。このことは個人的に残念である。ところで、私は本稿執筆中、東北大学経済学研究科で、外国の大学院生向けの講義を担当していた。この授業の参加者7名のうち、4名がドイツのパーダーボルン大学からきていた。筆者が英語の表現がわからなくなると、私が言いたいことを彼らにドイツ語から英語に訳してもらい、他の3人の参加者にわからせることで成立するという、極めて珍妙な講義だった。あらゆるドイツ人が、私の潜在的な聞き取り相手である。したがって、このドイツの院生全員に対しても期待満々で、「ディスカウンターでの仕事の経験は?」と聞いたわけだが、「そんな経験は一切ないし、今後も絶対にない」という非情な答えが、異口同音で一斉に帰ってきた。仕方がない。今のドイツの若者が憧れる進路希望先のトップは、外需志向産業の雄である、化学産業か自動車産業なのだから。だが、筆者がディスカウンターの実情を熱心に話していると、ある男子院生が納得いったように、彼の「極めてレイジーな従弟」の話をし始めた。この従弟は、最低水準の基礎教育しか受けていなかったので、あらゆる職業教育の機会を逸し、その結果、アルディの実習生しか進路がなかったそうだ。だが、アルディの実習プログラムから脱走同然で脱落した後、突然目が覚めたように猛勉強をはじめ、短期間でギムナジウム(卒業試験に合格すれば大学入学資格が得られる)に合格したとのこと。以前の彼からは想像がつかない変身ぶりを不思議に思った男子院生がその理由を聞いたところ、「あんな大変な思いをするくらいなら、勉強で苦労して将来の展望を広めた方がはるかにましだと気付いた」との答えが返ってきたとのこと。なるほど、ディスカウンターは一方で、進路をまじめに考えてこなかった若者の意識を変えるいい修業の場を提供することで、社会に大きく貢献しているようなのである。

第3章

グローバル化に対して労働組合は何ができるか

首藤若菜

本章のポイント

労使関係論は、従来、一国内の政労使により築かれる国・産業・職場レベルでのルール形成と運用について研究してきた。しかし今日、企業は国を越えて活動している。国内で築かれたルールや労働条件が、国外の状況により揺さぶられることがある。労働組合には、自らが作り上げてきたルールや労働条件を守るためにも、国を越えた連帯が求められている。だが多くの労働組合は、未だ一国内の活動にとどまっている。

本章では、労働運動が一国内に留まることで生じる問題を論じたうえで、国際労働運動の新しい動きを紹介する。欧州では、国境を越えて労組間がつながりを強め、国際的な労使関係の構築を模索する動きがみられる。そうした動きを受けて、日本でも一部で本社の労組と海外事業所の労組が連携を強化させつつある。本社の労組が、海外事業所の組織化に取り組んだり、現地の組合運動を支援したり、日本的労使関係を根付かせようと活動している事例がある。本稿では、これらの事例を詳述し、今後の国際労働運動を展望する。

1 グローバル化と労働組合

(1) グローバル化とは

近所のスーパーマーケットに行くと、アメリカ産の豚肉、中国産の青菜、フィリピン産のバナナなど、世界各国の商品が陳列されている。インターネットには海外の映画や音楽が溢れ、テレビや新聞には外国で起きた事件や事故のニュースが連日流れる。ある国で感染症が流行すれば、そのウィルスが私たちの国に流入してくることは、もはや時間の問題である。テロリスト集団は、国籍に関係なく組織され国を越えて行動する。そこから逃れるために、難民が国境に関係なく押し寄せてくる。ある国で発生した大地震や大洪水が、そこから遠く離れた国の工場を稼働停止に追い込む。小国で起きた金融不安が、一夜にして世界を駆け巡り、世界的な金融危機をもたらす。

現代社会は、日々の生活から経済、政治に至るあらゆる領域において、国と国とが複雑に絡み合い、相互に結合しあっている。私たちの生活、経済、政治は、遠隔地で起きた事象に大きな影響を受け、同時に私たちが一国内で決定したことや実践したこともまた、地球規模に影響を与える。異なる国同士の繋がりが強化され、相互に作用しあう関係がより深化し、そうした影響の及ぶ範囲が拡大していく過程をグローバル化（Globalization）と呼ぶ。

このように経済の相互依存が深まり、財、資本、労働力の移動が活発になれば、市場は統合され、人々はみな同じような豊かさを享受できると期待された。実際にグローバル化は、多くの国に高い経済成長をもたらし、人々の生活水準を押し上げ、貧困を削減させてきた。

他方、グローバル化は均質的に進行するわけではない。グローバライゼーションに包摂されなかった国や地域においては、むしろ所得が減少し、貧困が増大している。[1]また、グローバル化により世界的に富が増大したにもかかわらず、一国内では格差が拡大し、貧困が深刻化した。こうした問題を解決しようとしても、一国単位で対応しうる余地は狭まり、国内だけで解決することが難しい。新たな国際秩序や世界秩序の構築が求められるが、グローバル・ガバナンスは未熟なままである。

本稿は、グローバル化が引き起こす雇用・労働問題を労使関係の観点から論じる。グローバル化による雇用・労働問題は、グローバライゼーションをめぐるさまざまな問題（たとえば、飢餓と貧困、地球温暖化と環境汚染、感染症リスクの高まり、安全保障と戦争など）と並び、重要なテーマとされてきた。

先進諸国では長い歴史のなかで、労働者保護や労使の対等性を担保するさまざまな法律、規範、制度、慣行が築かれてきた。しかしグローバル企業は、そうした国民国家の枠を越えていく。雇用が、労働者保護のより弱い国へ、賃金のより安い地域へ移っていけば、先進諸国では自国の雇用を守るために、築いてきた労働者保護を削り、獲得してきた労働条件を引き下げざるをえなくなる。いわゆる「底辺への競争」である。それを防ぐためには、グローバルなワーク・ルールの確立が求められるが、その実現は容易でない。グローバルな社会制度やワーク・ルールが築かれないままにグローバル競争は進み、今日、国際社会における労使間の均衡は崩れている。

本稿では、まずグローバル化が組合活動に及ぼす影響を論じる。そのうえで、ドイツ系と日系のグローバル企業を対象に、本社の労働組合が取り組む国際運動を紹介し、動機や抱えている課題を明らかにする。最後に、それらの事例を整理して今後の国際労働運動のあり方を考える。

(2) 労働組合への影響

グローバル化は、労働組合の力を弱めると言われてきた。そもそも労働組合とは、国ごとに労働者が職場や産業ごとに結成し、経営者や経営団体と交渉する。つまり組合は、他国の組合とつながりをもつとしても、基本的には一国単位で結成され活動する組織である。労働者・労働組合が国ごとに組織されるのに対して、企業は国を越えて活動する。この相違が、労使の力関係を歪めてきた。

製造業を例に考えてみよう。企業には、生産や事業の一部またはすべてを、ある国から他国へ移転させる力がある。ある国の労組がより高い労働条件を求めたとしても、企業側が工場閉鎖や生産縮小という切り札をチラつかせれば、組合運動は途端に委縮してしまう。

また、複数の国にまたがって事業を展開する多国籍企業では、海外事業所の労組が本社の労組と比べると、交渉力を高めにくいという問題もある。[2] なぜなら、海外事業所の労組にとって、実質的な決定権限を持つ者と交渉することが極めて難しいためである。通常、多国籍企業には、本社・地域単位の統轄本部・海外子会社など意思決定を下す機関や人が複数存在している。たとえば、ある工場の閉鎖が決まったとしよう。当該工場の労組は、雇用を守るために工場閉鎖の撤回を求める。だが、労組がいくら現地の経営者と団体交渉をしても、現地の経営者が当該工場の雇用と労働条件にどれほどの裁量を有しているのかは、はっきりしない。そもそも工場閉鎖という意思決定が、現地の経営者によってなされたとは考えにくく、どこで誰によって決定されたのか、そのプロセスも見えにくい。労組にとっては、実質的な決定権を持つ者と交渉することが重要となるが、事業が国を跨いで展開されればされるほど、一体誰が決定権を有するのかが不透明となり真の交渉相手に近づきにくい。

加えて、生産が国際化するとストライキ効果が減退することも指摘されてきた。[3] ある国で、組合がストライキを打っても、他国に同一製品を生産する工場がある場合、理論上、子会社間で生産を融通し合えば、製品を市場へ供給し続けることが可能となる。むろん実際には、他国の工場が生産を代替する能力を有しているかどうかや、輸送コストの問題、その企業が国を跨ぐ横断的な生産体制を組織しているかなどによって、その実現可能性は異なる。だが、国を越えた「スト破り」は決して珍しいものではない。

また、多国籍企業は子会社で生じたストライキに対し、親会社から資金を流入させうるため、一国内で活動している企業に比べると、より長期にわたる対応が可能である。生産体制、資金の両面から、企業のグローバル化は、組合の団体交渉力を低下させる。

このように企業が国を越えて事業を拡大させていくことは、それが一国内にとどまっていた時代とは質的に異なる影響を労働者・労働組合に与える。企業がグローバル化すればするほど、組合機能は低下し、経営主導で物事が進みやすくなる。

それゆえ、労働組合は反グローバリズムに傾きがちである。保護貿易や自国ファーストといった政策は、一見、労働組合にとって耳当たりがよい。こうした施策により、国際競争が緩和され、母国に雇用が戻ってくることは、自国の労働者の利益となる。

だが、各国の労働組合が、それぞれ自国の組合員の利益のみを追求し、一国主義に陥っていけば、結果的に「底辺への競争」がもたらされ、それぞれの国の労働者の不利益につながっていく。いくら反グローバル化を叫んだとしても、もはや一国内で経済活動を完結させることは、非現実的である。グローバル化の流れは、たとえそのスピードを一時的に緩めることができたとしても完全に止めることは難しい。自らが組織する職場や組合員が国際競争と無関係に存立しえない以上、労働組合もまたグローバルに機能を高めていく道を探るしかない。

(3) グローバル化に向き合ってきたか？

では、日本の労働組合はグローバル化にどう対応してきただろうか。今日、さまざまな企業がグローバルに事業を展開させている。海外で商品を販売したり、原材料を購入したりすることはもはや当たり前だ。国外に複数の工場や事業所を抱え、国内以上に国外で多くの従業員を雇用している企業も、数多く存在する。

企業は、海外工場や在外事業所の立ち上げる際、自国の生産方式や製造技術を移転することを目的に、自国の従業員を海外事業所に一時的に赴任させることがある。その場合、企業別組合は、派遣される組合員が現地で安心して過ごせるよう、それに先立って現地に赴き、状況を確認するとともに、赴任者の労働条件や手当等を本社の人事部と交渉している。つまり組合は、国内の組合員が海外で就労するための労働条件や労働環境を整備する役割を担ってきた。

だが、組合が海外工場にわざわざ足を運んでも、現地の従業員や労働組合と交流しない場合がほとんどである。本社の組合の多くが、海外事業所で働く従業員のことを気に留めていない。彼ら・彼女らがどのような労働条件で働いているのか、その職場に組合が存在しているのかどうかさえ知らない。たとえ海外の事業所で労使紛争が起きても、それは変わらない。労使間の対立が激しくなっても、本社の労組が海外事業所を訪ね、現地労組に会い、その声に耳を傾けることは稀である。その労使紛争が国際産別組織に伝わり、そこを通じて自国のナショナルセンターや産別労組に連絡が入り、単組が海外事業所の情報提供の要請を受け、それに応じることはある。しかし単組は、あくまでも求められた情報を提供するにとどまり、能動的に在外事業所の労使紛争に介入することは少ない。

長い間、労働組合の国際活動は、産別労組やナショナルセンターなどの上部団体の役割だと捉えられてきた。日本の労働組合は、組織ごとに機能分化しており、企業別組合は各職場の組合員のために活動し、上部団体がそれ以外の活動（たとえば、非正規労働者や未組織労働者の組織化、地域の労働問題への対応）を担ってきた。そのため国際活動は、主に産別組織など上部団体の役割だと考えられてきた。

それゆえ、単組が海外事業所の労働実態に関心を向けることはほとんどなかった。海外に視野を広げるまでもなく、実は国内に限ってみても、単組が下請け企業や関連企業の労組と交流しているケースも少ない。多くの単組は、自分たちの職場の対応で手一杯であり、自らの職場の外に目を向ける余裕を持てずにいる。

しかし、グローバル企業の本社で働く労働者・労働組合と、海外の工場や事業所の労働者・労働組合とは、同じ企業もしくは同じグループで働く者同士である。海外の労働者たちも、同じ会社のブランドを背負い、同一の製品を生産したり、同一のサービスを提供したりして、企業の成長に貢献している。自分たちと同じように、彼ら・彼女らも本社や親会社が決定する生産計画や経営方針に振り回され、商品の不祥事やトラブルの影響を受ける。

だが、そこに「仲間」意識は沸きにくい。労働者は、同じ国に属し、同一言語を話し、同じ地域で同等の労働条件で働くほうが、そうでない場合と比べてより強い連帯感を持ちうるためである。[4] いくら同一企業で働いていても、そうした条件が異なれば連帯は容易でない。

(4) 国際産別組織

そもそも労働運動とは、各国内で、それぞれの社会秩序や雇用慣行に沿って発展しているため、どうしてもナショナリズムにとらわれがちである。学問的にも、労働組合が国際労働運動をおこなう確固とした原理が存在するとは考えられていない。むしろ組合は、必要性に迫られてやむを得ず国際労働運動を進めてきたと解釈されてきた。[5] 要するに貿易・労働市場・資本が国際化していくことにより、組合は国内の運動だけでは、自らの目的である自国の組合員の経済的利益を追求できなくなる。それを達成するために、国際的な運動に踏み出してきた。[6]

たとえば、国内と国外との間で、はなはだしい賃金率の差を放置しておけば、その格差を理由に、自国の賃金の引き下げや、生産拠点の海外移転の恐怖から逃れることができない。ゆえに自国の雇用と労働条件を守るためには、海外の労働条件の向上につとめ、他国の労働者と連帯していかざるをえないのである。

もちろん各国労働者の利害は、必ずしも一致しない。自国への工場誘致や雇用の拡大をそれぞれの国の労働者、労働組合が求めるのは当然であり、その意味で他国の労働者は競争相手にもなりえ、労働組合間は容易に対立関係に陥る。むろん中長期的な視点に立てば、そうした対立と競争がもたらすのは、労働ダンピングであり、それを防ぐことは国境を越えて全ての労働者に共通した利益である。だが、各国の労働組合が、短期的な視野から保護主義や排外主義に走る可能性は常に否定できない。だからこそ、その調整を図る組織の設立が求められ、国際産別組織が誕生してきた。

国際産別組織とは、各国のナショナルセンターや産別労組などの緩やかな連合体である。その主たる活動は、国際会議を開催し、各国の加盟労組を集めて情報交換させ、国を越えた連帯を築くことにある。国際労働運動の主体は、長年にわたってこうした国際組織だったし、その状況は、今でも大きく変化していない。

一方、国際産別組織は、多国籍企業と直接対話したり、交渉したりするルートを持っているわけではない。グローバル化の推進役であるグローバル企業と直接協議したり交渉したりするのは、各国内にある企業別組合や産業・職業別組合である。仮にグローバル企業の国際的な事業展開が、組合員に負の影響を与える場合、それに歯止めをかけたり、事前に防止したりするために、企業（とくに本社）と対話し対峙できるのは、本社の企業別組合や本社を組織する産業・職業別組合である。

国際産別組織は、そうした自らの限界を乗り越えるために一九九〇年代からＧＦＡ[7]（国際枠組み協定）

の取り組みを開始してきた。GFAとは、多国籍企業と国際産別組織が取り決めた内容が世界中の事業所に適用される労使協定である。ただし協定とはいえ、一国内の労使間で締結される労働協約のように法的拘束力を持つものではない。国を越えて法的な拘束力を持つことは難しいためだ。

協定の中身は、ILOが定める中核的労働基準が中心である。中核的労働基準とは、ILO条約のうち、普遍的原則とされる四分野八条約を指す。すなわち、結社の自由及び団体交渉権(八七号、九八号)、強制労働の禁止(二九号、一〇五号)、児童労働の実効的な廃止(一三八号、一八二号)、雇用及び職業における差別の排除(一〇〇号、一一一号)である。これら八条約は、ILO条約の批准の有無を問わず、ILO加盟国にその内容を尊重し、遵守に向けた努力をすることが求められている。中核的労働基準の内容をGFAとして締結すれば、これらの条約をグローバル企業の全世界の事業所に適用し、その遵守に労働組合が関わり、徹底させることができる。

国際産別組織は、多国籍企業とGFA締結を進め、それを根拠に企業と直接対話する立場を獲得しようとしてきた(ただしGFA締結に向けた交渉やGFAに反する行為があった際の対応は、依然として各国の企業別労組や産業・職業別組合が担っているケースが多い)。

こうした変化はあるものの、未だ多国籍企業本社と頻繁に協議・交渉できるのは、あくまでも本社の労働組合であることには変わりない。そのため本稿では、本社を組織する労働組合の国際労働運動に焦点をあてる。とくに近年、新たな取り組みを行っているケースとして、自動車産業の労働組合の事例を紹介する。

2 自動車産業

(1) 歴史的経緯

自動車産業は、極めてグローバル化した産業である。その生産拠点は世界中に広がっている。在外工場でいかなる労使関係を築くかは、完成車メーカーにとって安定的な生産を保持するために重要な要素だと考えられてきた。その一つの理由は、自動車製造に関わる直接投資の規模が巨大なためである。固定資産の減価償却にかかる期間を考えると、自動車完成車の生産拠点は、短期での閉鎖や移転は難しい。それゆえ、一工場を長く持続させるために安定的な労使関係が必須となる。もう一つの理由は、この産業が労働集約型産業であることに加えて、自動車メーカーで働くブルーカラー労働者を組織する労働組合が、多くの国に共通して伝統的に強い交渉力を有してきたためである。強力な労組といかに良好な関係を築けるかが、たびたび注目されてきた。

自動車産業の労組は、国際労働運動に長い歴史を持つ。その始まりは一九六〇年代まで遡る。第二次世界大戦後、米国系の大手自動車メーカー(いわゆるビックスリーと呼ばれるGM・フォード・クライスラー)は、欧州に工場を建設し、企業の買収を進めた。それに伴い、米国内の雇用が流出した。その状況を危惧したUAW[8](全米自動車労組)は、企業別世界自動車協議会(World Enterprise Council)の結成を呼びかけ、企業ごとに各国労組が連帯し、行動することを求めた。[9] その呼びかけに応じる形で、GM・フォード・

クライスラーはもちろんのこと、フォルクスワーゲン・ダイムラーなどにおいても、本社を組織する労働組合が、企業単位の世界協議会を立ち上げた。一九七〇年代に入ると、日系自動車メーカーの労組でも世界協議会が発足した。

当初、世界協議会の獲得目標には「団結権、団体交渉権の完全な承認、賃金・社会給付の高位平準化、賃金収入の削減なしの労働時間短縮、有給休暇の増加など」が掲げられ、その実現のために「世界各地に工場をもつ巨大自動車企業の協約改訂期をそろえ、諸工場でのすべての問題に満足できる回答をひきだせるまでは協約に調印しない」ことが提案された。[10] 各協議会は定期的に開催され、労組同士が共同で取り組む事項が議論された。たとえばGMの世界協議会では、労働時間と雇用の安定が第一とされた。フォードでは健康保険給付、病休手当、年金制度、クライスラーでは労働時間の短縮と生産ラインのスピードコントロールなどが掲げられた。[11] さらに一部では、国を越えて団体交渉権を確立させて、国際的な労働協約を締結することに力が注がれた。[12]

しかし、企業単位の世界協議会は一九八〇年代から徐々に開催頻度が低下していき、一九九〇年代の前半を最後に開かれなくなっていく。むろんその後も、企業側は資本統合や企業買収などを続け、グローバルに事業を展開させていったが、労組の国際連携は難航した。その理由のすべては明らかではないが、一つには、企業が巨大化し世界各地に事業所が広がるなか、世界協議会の開催に多くの資金を要し、頻繁に会合をもつことが難しくなったためである。つまり労組は、国際連帯するうえで財政問題に直面していた。[13]

二〇〇〇年代に入ると、国際産別組織IMF（国際金属労連）[14]は、企業別協議会の改革に乗り出した。

それは企業別協議会の規模を縮小し、企業にその資金提供を要請することだった。[15] つまりIMFは、企業別世界協議会の運営にかかる費用を企業に求め、それによって財政問題を克服しようとした。同時に、協議会に本社経営陣を関与させ、会合の場で経営戦略や投資に関する情報提供を行うことを提案した。こうした改革を打ち出すにあたり、IMFは一つのモデルを想定していた。それが、次に紹介するフォルクスワーゲン・ダイムラーで設立された世界従業員代表委員会である。

(2) 世界従業員代表委員会

①世界従業員代表委員会の始まり

実は、二〇〇〇年前後から既存の企業別世界協議会とは別の形の国際会議体が結成されていた。それは、欧州従業員代表委員会制度(European Works Council)をきっかけに構築された世界従業員代表委員会である。欧州では、EU指令よりEU内で一〇〇〇人以上の従業員を雇用し、かつ最低二ヵ国でそれぞれ一〇〇人以上雇用する企業、企業グループに欧州従業員代表委員会の設置を義務付けている。大手自動車メーカー各社は、その規模からいずれも欧州従業員代表委員会の設置が義務づけられている。すなわち、各社の従業員は、欧州レベルで集まり、経営者から一定の情報公開ならびに協議を受ける権利を有する。同制度は一九九四年に導入されたが、これを土台にして、欧州以外の国の従業員代表もオブザーバーで参加することを認める動きが、九〇年代後半からあらわれ始めた。

フォルクスワーゲンでは、一九九九年から年一回のペースで、全拠点の従業員の代表者(そのほとんどは労働組合の役員)が集う世界従業員代表委員会(Global Works Council、以下GWCと略す)を開催している。[16]同社労使は、この会合と同時に、各事業所の人事担当者が集まる世界会議も開催している。つまり本社労使は、世界各国の事業所の労と使それぞれが一堂に会する場を設けている。GWCおよび人事担当者会合の参加者総数はそれぞれ一〇〇名ずつ、合計約二〇〇名にのぼる。

開催にあたる費用はすべて会社側が負担し、各会合には社長を含む本社経営陣も参加する。そもそも従業員代表委員会は、労組法ではなく会社法で定められた規定であり、それにかかる費用は会社側が負担することになっているためである。

ただし一〇〇人規模が全体で議論することは困難であるため、フォルクスワーゲンは、GWCの開催に加えて、下部組織としてブランド(アウディやMAN等)、部門(ファイナンス・物流部門や機械生産部門等)、地域(中国、アメリカ大陸等)ごとの委員会会合を年一回、また地域およびブランドごとに選出された議長団(計一七名)の会合を年三回開いている。

同様にダイムラーでも本社の従業員代表委員会が二〇〇二年に世界従業員代表委員会(World Works Council、以下WWCと略す)を発足させた。[17]そのきっかけは、ダイムラーと米国系自動車メーカー・クライスラーとの合併(一九九八年)だった。[18]「合併後にはいつも工場閉鎖や解雇がおこなわれるので、それを見越して会社の計画をめぐり緊急に討議する必要がある」と考えた従業員代表員会は、まず一九九九年に国際自動車作業グループ(International Automotive Working Group)を立ちあげ、それを足掛かりに二〇〇二年にWWCの発足を経営側と合意した。[19]その後WWCは、年一回のペースで開催されている。

本会合では、経営側から雇用の動向、投資、施設の開設・閉鎖、生産の移転といった国際的な事業実態と計画が報告される。WWCのメンバーであるブラジルの代表者の証言では、それ以前、本社から遠く離れたブラジルの労働者たちは、会社方針や経営計画に影響を及ぼすことはもちろんのこと、それらの情報を入手することさえほとんどできなかったが、「世界委員会に参加すると状況が変わった」。本社の経営陣から、定期的に、直接話を聞く機会は、海外事業所の労働者にとっては、大きな変化だったという。

②グローバルなワーク・ルールを目指して

両労組は、こうした会合を積み重ねた後、グローバルなワーク・ルールの形成を目指した。二〇〇五年にダイムラーでは「健康と安全原則」（**資料1**）を締結し、フォルクスワーゲンでは2009年に「労使関係憲章」を、二〇一二年に「派遣労働者に関する憲章」（**資料2**）を締結した。こうした原則や憲章を作ることで、同一の基準を世界に広がる工場に適用しようとしている（**資料3**）。

つまりダイムラーやフォルクスワーゲンの労使は、ILO中核的労働基準にとどまらず、安全衛生、労使関係のあり方、非正規労働者の労働条件など、各国の法制度や雇用慣行により差異が大きい事項にまで踏み込み、国境を越えたルールを作ろうとしている。今はまだ、これらのルールはいずれも「原則」や「憲章」と名付けられており、国内労使が締結する労働協約のような実効性は有さない。各国の事業所の経営者やマネージメント層、労働組合に対して、こうした原理原則に則った行動を要請し、これに反する行為に対しては労使で協議し是正をはかることを求めるものである。

資料1　ダイムラー「健康と安全原則」

原則1.	我々は、従業員の安全と健康を保護し向上させ、最終的に士気を高めるよう努めることを基準として確立する。
原則2.	我々は、健康と安全を質的に総体的に向上させるプロセスとシステムをより発展させるために努力する。最も阻止すべきことは労働災害である。
原則3.	人間工学に基づいて規格された働き方を促進させ、現代の人間工学の知識を反映したものに常に改訂されることを基準とする。
原則4.	我々は、健康と安全原則を守り、他の模範となる責任ある行動を経営陣に義務づける。同時に我々は、最善の安全性を得るために、経営層をサポートする。
原則5.	全従業員は、安全基準に則って仕事を遂行することによって、個々の健康と安全の責任を取るべきである。（中略）我々は、従業員の就労環境や仕事の工程を常に改善させ続けるために、職場の整備に従業員を関わらせる。

出所：ヒアリング調査で示されたDaimler, "Health and Safety Principles"を著者が翻訳し、一部抜粋。

資料2　フォルクスワーゲンの労使関係憲章（一部抜粋）

		情報提供	労使協議	労使共同決定
1. 人的資源・社会的規制：人材の獲得・支援・育成等				○
2. 労働組織	社員のスケジュール管理		○	
	標準労働の定義、生産システム、労働時間等			○
3. 報酬制度：賃金、職務考課、福利厚生等				○
4. 情報提供と対話	従業員に対する意識調査		○	○
	ワークルール、経営方針、データ保護			○
5. 職業訓練：訓練内容、設備等				○
6. 労働安全衛生：事故防止策、高齢者や障碍者対策				○
7. 管理：管理手法、主要指標（顧客・従業員満足度、財務状況等）			○	
8. 持続可能性：環境保護、資源エネルギーの効率化			○	

注：項目別に、各事業所の従業員代表組織が有する権利を○で示した。
出所：『Charter on Labour Relations within the Volkswagen Group』を一部抜粋し、翻訳。

資料3　フォルクスワーゲンの臨時労働者憲章

前文	・臨時労働者の節度ある配置は必要不可欠である柔軟なツール。 ・臨時労働者の賃金は、正規社員と同様に、経験・能力の高まりとともに上がる。 ・臨時労働者は、職業教育および学卒者募集に加えて、正規社員となる第3のルートである。
上限	・1事業所で5%を上限とする（従業員代表との合意に基づき、変更可能）
同一賃金	・勤続10ヵ月目以降は、正規社員の基本給と同一。 ・勤続2年目以降、業績ベースの給与（チームボーナス等）は、正規社員と同一。
均等待遇	・週労働時間、休憩時間、福利厚生施設の利用、会社情報へのアクセス、労働安全衛生において、正規社員と平等な待遇を保障する。
雇用期間	・最大雇用期間36ヵ月、最小雇用期間は6ヵ月とする。 ・契約延長に関する情報は、契約終了の4週間前までに提供される。
正規雇用への登用	・正規社員の採用は、臨時労働者を優先しておこなう。 ・相応する資格がある場合、勤続18ヵ月後から登用可能とする。

出所："Charter on Temporary Work for the Volkswagen Group"を一部翻訳し、抜粋。

(3) 労働組合か、従業員代表委員会か

両会合は、世界規模の従業員代表委員会であり、その中心は本社の従業員代表委員会である。つまりそれは、労働組合ではない。だが実態として、両社の従業員代表委員会に限って言えば、ドイツの金属産業労組であるIGメタルと極めて密接な関係にあり、歩調をそろえて活動している。[20] 労組と従業員代表のメンバーは、個人的にも親しく、時には従業員代表のメンバーがIGメタルの役員を兼ねたり、IGメタルの専従職員から従業員代表委員のメンバーに異動したりすること、またその逆も珍しくない。

しかし従業員代表委員会は、会社法で定められた制度であり、それはあくまでも企業から情報提供を受けること、協議することを目的とした組織である。そのため労組法でストライキや団体交渉権が付与されている労働組合より機能は劣ると認識されてきた。

しかしながら、国際産別組織は、世界従業員代表委員会を過去に存在してきた世界企業別協議会と代替できると考え、将来的には交渉機関に発展する可能性さえあるとみている。その実現のためにも、国際産別組織はGWCやWWCに国際産別組織メンバーの参加を求め、実際に両会合には、国際産別組織の役員が毎回出席している。そして従業員代表が組織した協議会であっても、従業員代表制度が存在しない国・地域では、実質的に組合が参加することを想定し、各地の加盟組織(すなわち労働組合)に参加を呼びかけている。

今日、同様の会合がGMやフォードなど従業員代表制度が存在していない国でも、労働組合が主催して行われるようになっている。これらはまとめて「グローバル・ネットワーク」と呼ばれる。

3 日系企業労組

(1) 自動車メーカー労組

日系労組のなかには、一九七〇年代に始まった企業別世界協議会を今日まで開催し続けているところがある。日系労組の協議会の特徴は、アジアの国々の労組と定期的に集い、アジア圏の労組ネットワークの構築に力を注いできた点にある。日系企業の生産拠点がアジア圏に集中していることや、アジアの途上国では自立的に組合運動を進めることが難しい国が多いため、支援や協力をより強く必要としているためだという。

今日、日系労組が海外の労組と交流する主たる目的は、労使協議を基調とした「建設的な労使関係」の構築にある。これは単組の方針というよりは、上部団体である産別組織やナショナルセンターの方針でもある(**資料4**)。「建設的な労使関係」とは、労使が相互信頼のうえで密な事前協議をおこない、労使一緒に職場の問題解決にあたる労使関係のことを指す。こうした労使関係を在外工場においても構築するために、定期的に世界会議を開催して集うことはもちろん、日本に招待したりワークショップを開いたりもしてきた。本社労組が、在外労組とこまめに連絡をとり、意見交換を積み重ねることは、各職場で発生した問題の芽を早期に摘み取り、深刻な労使紛争を発生することを防いだり、日本的な労使関係を現地に移転させたりすることに貢献してきた。

資料4　自動車総連がグローバルで目指す「建設的な労使関係」

・労働者の基本的権利（ILO87号・98号条約／団結権・結社の自由・団体交渉権）が尊重されている。
※スト権はILO87号条約に含まれ（2015年ILO労使代表合意）、労組はスト権を保持し、最終手段として活用できる。

・労使が相互に独立・自立・対等な関係を維持しつつ、互いの立場を尊重し、緊張感ある関係。

・労使は「労働者の雇用・生活の向上・安定」と「企業の健全で永続的な発展」の両立を目指す。

・労使関係に関する重要事項は、労使対話により決定する。また、労使課題は徹底的に話し合いを尽くすことにより解決をはかる。そのために必要な情報は、誠意を持って共有し、透明性を確保する。

・労使で結んだ約束は双方が必ず遵守する。

・労使は常に職場の実態を把握し率直な意見を尊重する。

出所：自動車総連の内部資料。

自国の労使関係のあり方を在外工場にも移転しようとすることは、日系労組に特殊なわけではない。たとえば、フォルクスワーゲンやダイムラーの従業員代表やIGメタルも、ドイツの労使関係の特徴である従業員代表制度を在外工場に移転しようと熱心に活動している。

しかし、IGメタルなどは、ドイツ式の従業員代表制度の導入に取り組むとともに従業員に組合結成を促し、組合ができたら団体交渉のやり方や労働協約のモデルを伝授して組合育成にも力を注いでいる。対して日系労組は、企業内の「建設的な労使関係」の構築には積極的であるが、組合運動については現地の労使に委ねるという立場をとってきた。つまり組織化や組合運動は、現地従業員が主体的に取り組むべきことだと表明し、それに関わることはせず、たとえ在外工場で労使紛争が起きても、本社労組は基本的に距離を置いてきた。

つまり自動車メーカー労組に限ってみれば、欧米の組合や国際産別組織は、先進国である自らの労使関係のあり方や労働基準を途上国の職場にまで広げる必要があると考えている。各国で労働法の内容や雇用慣行は異なるが、それでも「先進的」である自国の労使関係の仕組みを途上国の事業所にも適用するために、労働教育を推し進め、組合結成を促し、ワーク・ルールを形成しようと活動している。とくに本社の従業員代表組織や労働組合はともに、その中心的な役割を担うべきだと認識している。

他方、日系企業の本社労組は、日本的労使関係の移転を目指す一方で、「現地の労働問題は、現地の労使で解決すべき」というスタンスを表明し、各職場の労働条件については「相互不可侵」、「相互不介入」という原則に立ってきた。ゆえに各国の労組が連携する世界会合を開催するにあたって、「建設的な労使関係」の推進には努めるものの、組織化や労使紛争の解決、各職場の運動は、各国・各地の産別労組や企業別労組が主体的に行うべきだとの認識を抱いている。

たとえば、途上国では実質的に団結権が禁止されている国が少なくない。そして団結権が禁止され、組合が結成されないことが、その国の「国際競争力」の一つを構成し、雇用創出につながっている場合がある。その時に、先進国の労組や国際社会が「国際標準」であることを理由に、その国に団結権を認めさせようと活動することは、その国の労働者に民主化という利益を付与する一方で、過渡的に雇用を失う恐れをもたらす。日系労組は、本社の労組であることを理由に、途上国に自国のルールを押し付けていいのか、と疑問を呈する。

(2) 部品メーカー労組

別の国際連携の事例を紹介しよう。ある日系の自動車部品メーカーでは、海外事業所の労使紛争をきっかけに、国を越えた労組間の交流が始まった。同社は、世界二五ヵ国に生産・開発拠点を有し、連結従業員数は一四万人を超える巨大なグローバル企業である。

同社の米国子会社では、一九九〇年代に深刻な労使紛争が起きた。労働協約の改定時に労働条件をめぐり労使交渉が決裂し、現地の従業員を組織する米国労組がストライキに入った。ストが始まっても、会社は非組合員により工場をフル稼働させて海外工場からの輸入を増やし、米国内の需要に対応した。さらにストが長引くと、会社はスト中の従業員の代替となる労働者を新たに採用しはじめた。つまり、スト参加者を解雇し、恒久的に人員を入れ替えようとしたのである。ちなみに米国では、こうした恒久的代替者の採用が、最高裁判決で容認されている。この法理は、同国で労組がストを通じて労働条件を勝ち取っていくことを極めて難しくしてきた。

会社側のそうした動きを受けて、労組は組合員の就労復帰を方針に掲げ、局面打開を図るため無条件でのスト中止を申し入れた。これにより一〇ヵ月にわたるストは終了したが、次には、最後までストに参加していた労働者(約二三〇〇名)の職場復帰が問題となった。これらの労働者が、先任権リストに載るにとどまり、直ちに仕事に戻れなかったためである。同労組は、全組合員の職場復帰を求めて抗議行動を繰り返し、それは同社商品の不買運動にまで発展した。最終的に、NLRB(全米労働関係委員会)の介入を受け、スト労働者の職場復帰は進んでいった。同社労使は、争議発生から二年半を経てようやく新たな労働協約を締結し、この労使紛争は収束した。

これは米国の労働史に残る出来事だが、実はこの話は、そこで終わったわけではなかった。この労組は、その4年後、先に締結された労働協約の改定交渉の最中、世界各国にある同社工場の労組に声をかけ、労組がグローバルに集う会合を立ち上げたのである。すなわち、米国国内ではスト権の行使が難しいため、他の方法で労働条件闘争を有利に進めようと考え、海外工場の労組との連携強化を図ろうとしたのである。この提案は、他国の労組にとっても魅力的に映った。なぜなら米国工場のストをみていた他国労組は、グローバル企業を相手に一国内でストを実施しても、海外工場からの輸入によりストが無効化していくことに危機感を覚えたためである。

日本にある本社の労組は、グローバル会合の立ち上げについて何も聞かされておらず、初会合の招待状を受け取り、初めてその事実を知った。米国労組は、本社労組に会合への参加を強く求めたが、日本の労組は当初それに対する不快感を隠さなかった。

同社の日本国内の労使関係は安定していた。日本の労組にとって、敵対的な労使関係の色彩が強い米国労組と連携を取ることは、「長い年月をかけて成熟させてきた『我々の労使関係』を崩壊させてしまう」という懸念があった。ゆえに日本の労組は、「各国においてそれぞれの労使関係があり、それを踏みにじってまでの活動はするべきではない」と米国側に伝えたという。

だが本社労組として、すでに立ち上がってしまったグローバル会合を無視するわけにもいかなかった。両国の労組は、国際産別組織を巻き込み、繰り返し話し合った。最終的に、日本側が望む形でグローバル会合を開催する運びとなる。日本の労組が求めたことは、①日本が会合の議長国になること、②話し合いのテーマを「お互いが共感をもち、とりくみを共有化できる」ものに限定することだった。

運営規定によれば、そのテーマは「安全衛生・環境問題への対応」に絞られ、かつ会合の趣旨は「情報交換」に限られた。日本側が、国際的な連携を最小限にとどめようとしたことがうかがわれる。

二〇〇一年、グローバル会合がスタートした。日本の労組にとって、不安と戸惑いのなかでの船出であったことは想像に難くない。しかし、同一企業で働く者を組織した労組同士が、年に一度集まり、互いに顔を合わせて話し合うことは、当初想定した以上にさまざまな効果をもたらしていった。たとえば、安全衛生に対して前向きな議論がなされ、日本の労使関係のあり方が伝授されていった。会合のなかで本社労組は、日本の職場では「安全衛生に関して労使で意見交換する場を持ち、定期的に会議を開催している」ことや、「災害が発生すると、臨時の安全衛生に関する労使会議が開催され、対応について協議している」ことなどを繰り返し説明した。それを受けて、従来労使協議をおこなう制度や慣行を持っていなかった国々の労組が、労使間で話し合うことの重要性を認識し、そうした職場慣行を築こうとする動きが起きた。

むろん各国の労使関係のあり方は、そう容易に変化するものではない。しかし、会合を重ねるうちに、「以前と違って労使で話し合うことで改善が進んだ」「そのことが安全確保に向けた成果につながっている」といった意見が、他国の労組から多く出されるようになっていく。毎年、地道に実績を重ねていった結果、労組間に信頼関係が構築されていった。近年では、安全衛生に関する共通目標を定め、各国の労組が足並みをそろえて各職場で取り組む動きもみられる。さらに、安全衛生以外のテーマも議論されるようになり、最初に日本側が主張し、定められた運営規定も徐々に柔軟化していった。緩やかではあるものの、グローバルな目標を設定し国を越えた労組連携が進みつつある。

(3) イオン労連

①労使コミュニケーション

最後に、別の産業の事例も紹介しておきたい。イオングループ労働組合連合会（以下、「イオン労連」と略す）とは、小売業大手のイオングループの企業内労働組合の連合体である。二〇一七年現在、日本国内に四三の単組が加盟する。組合員数は二八万人を超えており、国内最大規模のグループ労連である。イオン株式会社（以下、「イオン」と略す）は、一九八四年にマレーシアに現地法人を設立し、それ以後タイ・香港・中国・ASEAN地域を中心に事業を拡大させてきた。従業員数は、世界で五五万人を超える。企業のアジアへの事業展開に対応して、イオン労連も活動の範囲を広げることを決意し、海外店舗で組織化を進め、理念を共有する仲間を増やしてきた。

たとえば、イオンは二〇一四年六月にカンボジアでイオンモール一号店を開店させた。それに先立ちイオン労連は、二〇一三年五月から二〇一四年一月まで延べ九回にわたり、カンボジアでワークショップを開催している。同労連の狙いは、従業員全員が経営に参加できるための基盤づくりにあった。ワークショップでは「安全衛生ミーティング」を実施した。これは労働者に、現場の職場環境や労働条件について気づいたこと、改善をしてほしいことを提案してもらい、経営側と話し合い、経営側からのコメントや回答をもらい、実際に一つ一つ改善していくことである。こうした労使関係が、後に経営参加の体制を作り、労働組合が結成された後には、労使コミュニケーションの活性化に貢献すると考えたためである。結果的に「安全衛生委員会」と呼ばれる職場環境改善や労働条件改善の話し合いを各職場の労使が自律的に進め、職場の問題解決に向けて取り組む環境ができた。

同時に、労働組合法や労働法の専門知識の教育研修もおこなった。そこには日本の組合役員や組合員にも同席してもらい、現地の労働者との交流を図った。

カンボジアには、いわゆる従業員代表制度が存在する。それを有効に機能させるために、各職場の代表である従業員代表をどうやって選ぶのか、また選ばれた人たちがどのように問題を発見し、それを改善提案にまとめて経営側に提起するのか、そして労使の安全衛生委員会はどのように進めるのかといったことについて議論し、自立的に推進できるよう支援した。イオン労連は、ベトナムやインドネシアなどでも同様の活動を展開させている。

②GFAとネットワーク会合

イオンは、二〇一四年一一月にイオン労連・UAゼンセン・国際産別組織UNIとの間で、GFAを締結している。同協定では、ILO中核的労働基準の遵守が記され、それに実効性を持たせるために労使は共同で取り組むことが謳われている。

その取り組みの一環として、イオン労連は、二〇一六年から海外労組とのグローバル・ネットワーク会議を開催してきた。二〇一七年一二月に開催された会議には、カンボジア、インドネシア、中国、マレーシアなどから労働組合もしくは組合結成の準備委員会が出席した。他にも、国際産別組織UNIのアジア太平洋地域の書記長、UNIマレーシア協議会の議長、UAゼンセン副会長が出席し、会社側からは本社の副社長が参加した。

会議では、各国の代表者が職場で困っていることや改善に向けて取り組んでいることなどを報告し合い、海外労組同士がそれぞれに質疑応答をおこなった。たとえば、これらの国々では労働組合に関心のない従業員も多く、労働法の知識を有さない労働者が多いため組織化が難航しがちである。インドネシア労組が「組合費を支払って、組合に入ってどんな利益があるのか、と聞かれるのだが、どう説明しているか」と問いかけ、カンボジア労組が「労働協約を締結することで、労働条件が向上する利益を説明している」と返答したりする。同様に、組合費や組合事務所のことなど具体的な課題が、国を越えて論議され方策が練られる。最後には、イオン副社長が各労組に対して「自由に質問してください」と投げかけ、本社と現地労組との間で質疑応答が交わされる。各労組は、自国の市場規模を本社がどのように判断しているのか、今後の出店計画、競合企業の出店が加速していることにどう対応するのかなどを質問し、その一つ一つに、現地の状況を沿った説明がなされた。

4 国際的な労使関係

(1) グローバル・ネットワーク

これらの事例に基づけば、企業のグローバル化に対して、労働組合は国を越えた労使関係を築こうとしている。その形は、個別企業を単位とし、本社の労働組合もしくは従業員代表委員会が、国際産別組織と連携しながら、海外事業所の労組や従業員代表とネットワークを形成し、グローバル企業の本社経営陣と話し合うというものである。

こうした運動では、「ネットワーク」がキーワードとなっている。従来の組合運動は、労働者を同一の組合に組織して交渉し、労働協約を締結し、共通のルールを職場に適用することが主目的だった。しかしグローバル化の進行とともに生まれてきた国を越えた労使関係は、本社の労組は海外事業所の組織化を支援して活動に協力しても、本社労組がグローバル・ユニオンを結成し、海外事業所の組合を傘下に置くわけではない。つまり労働者は、国ごとに別々の組合に所属している。離れた場所に暮らす者同士は、それぞれが各地で組合を結成し、そのうえで相互に連携を図るのであり、そうした繋がりを「ネットワーク」と呼んでいる。

労働組合のあり方は、元来、各国の社会運動や労働運動の歴史、雇用慣行、各地の伝統などと深く結びついており、国ごとの違いが大きい。労働法上の組合結成の条件も、組合活動の範囲も異なる。そうした異同を内包した労働者・労働組合同士にとっては、統一労組を結成するよりも、ネットワークという形で緩く連携する方が、運動にとりかかりやすいためである。

ネットワークを基盤とする国際労働運動は、段階的に深まっていく。いずれのネットワークも、最初は異なる国の労組同士が出会い、交流するところから始まる。同一企業で働く者同士とはいえ、初会合では相互に警戒心を抱いており、すぐに打ち解けあえるとも限らない。そうしたなか互いの職場の状況を共有し、各組合の活動や経験を紹介し合う。初期は、働くうえでの基本的権利や安全衛生など、多くの国が共通して理解し合えるテーマから始めるケースが多い。そうした会合を定期的に、繰り返し重ねていくことにより、徐々に信頼関係が構築されていく。関係性ができるとともに、話し合うテーマは、段階的に深まっていく。次第に、勤務シフトの組み方、職場レベルの労使協議で話し合う内容などについても意見が交わされるようになる。

繰り返し話し合ってきた素地があれば、もし何か問題が生じた時に、相談を寄せ、寄せられた方は、それに応えるという関係へと発展する。つまり、交流段階を過ぎると、活動を支援し、連携を取り合う「支援・連帯」の段階へと進んでいく。もし事業所内労使で揉め事を抱えていたり、現地の組合がなかなか打開できない課題があったりした場合には、本社労組に相談が寄せられ、現地労組と二国間で対応を協議するようになる。本社労組は、海外事業所の職場で起きていることを本社経営陣に伝え、必要に応じて、現地経営陣に是正を要請するといった体制を築いていく。こうした対応は、労使紛争の芽を摘み、激しい労使対立を未然に防ぐことに貢献する。同時に、ネットワーク会合では、まだ組織化されていない他の海外工場の組織化をどう進めるかが話し合われ、共同で組織化に向けた取り組みが図られることもある。

さらに組合間の関係性が深まっていくと、国境を超えたルール形成へと話は進んでいく。本社労組もしくは従業員代表委員会がイニシアティブを取れば、GFAはもちろんのこと、中核的労働基準の内容を越えたルール形成も可能である。仮に本社労組がルール形成に消極的であっても、海外事業所の労組からそうした要請を受け、何らかの対応を迫られることもある。

なお、ルール形成と言っても、その内容はいずれも「原則」や「憲章」といったものであり、これを前提に具体的な労働条件が各国労使間で話し合われる。つまりグローバル・レベルのルールは、共通した枠組みの構築、原理・原則の提示、最低基準の設定などに留まる。

表1　グローバル・ネットワークの3つの段階

段階	内容	備考
1　交流	情報共有や経験交流	テーマ：安全衛生等→労使関係のあり方→雇用・労働条件
2　支援・連帯	本社労組と現地労組の連携および支援	例）労使紛争の解決、組織化、労働条件の是正
3　協議、ルール形成	国境を超えた労使協議、ルール形成	ルール：GFA→安全衛生→労使関係→雇用・労働条件

またルールを締結しても、それを実行し確認する仕組みとして、その後もグローバル・ネットワークの役割が肝要であり続ける。たとえば、フォルクスワーゲンのグローバル・ネットワーク会合では、繰り返し2つの憲章の説明がなされ、各現場への周知徹底に努めていた。グローバル・ネットワークのようなルールの執行状況を確認する仕組みが存在しなければ、いくらルールを締結しても、それが十分に機能しないまま放置されることになりかねない。以上を整理すると、グローバル・ネットワークの進展は、「交流段階」、「支援・連帯段階」、「協議、ルール形成段階」の三段階で発展していくことがわかる（**表1**）。

グローバルなルールを形成するにあたっては、比較的容易なテーマと達成が困難なテーマが存在している。最も国境を越えて理解されやすいルールは、ILO中核的労働基準である。つまりGFA締結が、ルール形成の最初の一歩となる。

次いで重要であり、合意に達しやすいのは、労使関係のあり方だろう。労使関係の態様は、国家間の相違が大きいが、それでも企業がいかなる国際戦略を立てているのか、事業所の閉鎖や生産移転の有無等、雇用と労働条件に深く関わる事項については、事前の情報提供と協議を求めるべきだと考えるのは、どの国の労組にも共通する。これは、EU域内ではすでに欧州従業員代表委員会制度で認められており、フォルクスワーゲンでは労使関係憲章で定められている。

次いで各国の経済水準や社会状況の相違に関わらず、各国労組が互いに歩み寄れる課題として、職場の安全衛生問題がある。安全衛生を保障するルールには、それを抽象的に宣言するレベルから、より具体的な基準にまで踏み込むレベルまでさまざまありえる。たとえば、先進国のなかでも、労働安全の規制の程度は国による違いがある(たとえば、組立作業での腰をかがめる作業の割合や重量物の取り扱いの頻度など)ため、よりエルゴノミクスに配慮したライン設計を全世界の事業所に要請することは、大きな意味をもつ。さらに、安全基準が遵守されているか、定期的に点検や監視するシステムがあるか、そのメンバーに組合員が加わるかどうかなども論点となる。

さらに、日独のグローバル・ネットワーク内で交わされてきた議論で、最も重要な課題となってきたのは、雇用保障である。雇用慣行や解雇規制などは、国によって大きく異なるため、雇用をどう守るのかに関わる国を越えたルールを設定するのは、一見難しいように思える。だが、すでにいくつかのGFAでは、雇用保障に関する規定も盛り込まれている[21]。

ただし安全衛生の問題も、雇用保障の問題も、労使関係の問題に集約されるともいえる。安全衛生は、各職場の労使双方が関わり、安全教育や職場パトロールの実施、定期的な会合の開催などを労使で決定しうるかどうかが重要となる。雇用保障に関わる手続きも、労使がルールを形成できる関係を構築しておくことが肝要である。つまり、労使協議で取り扱う最低限の事項を世界的に取り決め、労使協議が開催される頻度をルール化することは、多くの労働問題の解決の基礎となる。

(2) 財源の制約

労働組合同士が国を越えて話し合うには、言語、文化、雇用慣行などさまざまな相違を認め合いながら対話しなければならず、多くの困難がある。なかでも課題となるのが、そのための財源調達である。巨大なグローバル企業の在外工場は、世界中に広がっており、各国の労組が本社に集うためには移動コストや宿泊の代金がかかり、加えて通訳費用も必要となる。かつて先進諸国の自動車産業の労組は、企業別世界業議会を立ち上げたものの、財源上の制約により、その開催頻度は低下していった。

今日、国際産別組織は、グローバル・ネットワーク会合にかかる費用を企業との交渉により経営に負担させ、会社を巻き込んだネットワーク作りをすすめている。だが日系労組の会合はどれも、組合が費用を支出している。日系労組は、日本の労組法七条三号のいわゆる「経営援助禁止規定」(使用者が組合運営の経費の支払いや援助を与えることを禁じる規定)に基づき、経営に財源負担を求めてはならないと考えているためである。

しかし、この条項に関する労働法の解釈をみると、実質的に労働組合の自主性を阻害しないものは該当しないとする学説が多い。たとえば菅野[22]は、「経費援助は使用者や労働組合の意図いかんにかかわらず、交渉当事者としての労働組合の自主性と独立性を侵害するというのがそれを禁止した立法趣旨である」と述べる。経費援助に該当する例として、「在籍専従者の給与、組合要務の出張費用、通信費などの会社負担」があるが、「この不当労働行為については、形式的にはそれに該当するようにみえても実質的に労働組合の自主性を阻害しないものはそれに該当しない」と明記する。すなわち、労組法の解釈によれば、労働組合の自立性や独立性は総合的な判断となるため、同会合の経費を援助したことにより即座に組合の独立性が否定されるわけではない。

現在、企業別組合の国際労働運動は、単組もしくは労連がその費用を全面的に負担している。そうなれば財政的に余裕のある大手組合以外の労組は難しい。単組による国際労働運動が広がりにくい背景には、そうした要因があることを前提に、今後、国際労働運動を推進していくためには、国際産別組織が指摘するように企業側を巻き込んでいくか、もしくはナショナルセンターや産別組織が資金援助を行うなど、別の方策を考える必要がある。

(3) 使用者にとってのグローバル・ネットワーク

労組が国を越えて連携する動きは、グローバル企業の経営者の多くが警戒すると予想される。その理由は、労使のパワーバランスにおいて企業の有利性を損なうためである。

だがここで強調しておきたいことは、市場原理に基づけば、存在しない方が有利だと考えられる国際的な労使関係を、経営側もまた意義を見出していると思われる点だ。フォルクスワーゲンやダイムラーのケースでは、経営側もグローバル・ネットワークで議論される内容に高い関心を寄せてきた。フォルクスワーゲンの経営側は、二〇〇名にのぼる各国の労使代表者を一同に集める費用を毎年負担し続け、従業員代表委員会のなかに国際問題を対応することに専念する人員を配置し、その給与と活動費を支払い続けている。こうした負担を厭わないのは、これが経営にとってもメリットがあると判断しているためだと考えられる。

その最大のメリットは、労使関係の安定だろう。そもそも両社が、海外工場に従業員代表制度の導入を進めるという本社従業員代表の活動は、経営側の意向とも合致している。労使が密に協議を繰り返すことで従業員の不満を解消し、労使紛争を未然に防ぎ、安定的な生産活動が可能になるためである。職場への定着率が高まり、生産品質の保証や収益性の上昇につながるという利点も指摘されてきた。

また、各社の労使関係は、企業のブランド・イメージを構成する一要素でもある。たとえば、フォルクスワーゲンもダイムラーも、世界従業員代表委員会を実施していることや国際的な協定や憲章を締結したことをCSRレポートで報告し、HPに掲載している。つまり本社の経営側は、ドイツ国内の労使関係のみならずグローバルな労務問題にも積極的に取り組み、国際的に良好な労使関係を築こうとしていることを盛んにアピールしている。これらの企業では、従業員代表や労働組合の国際連帯活動をグローバル労務の一環として捉え、その成功を企業ブランドの一つに据えている。

企業がグローバル化していくことに対して、労働組合が国内の活動にとどまっていては、労使間のバランスは均衡を失う。どのように国際的な活動を展開すればいいのか、本稿では具体的な事例を紹介した。ここで叙述した事例はいずれも先進的なものであり、その広がりはまだ大きくない。しかし、グローバル化に対応した動きを示さないといけないという意識は熟成されつつある。

労働者が国際的に連帯する必要性はかねてより指摘されてきたが、それは同時にどこか理想論のように受け取られてきた。本稿の事例が、それに少しでも現実味を与え、多少なりともその進展の手がかりとなれば幸いである。

［注］

1 The World Bank, (2002).

2 Kujawa (1980), ILO (1973).

3 Bomers (1976).

4 ILO (1973)、Itto-Gillies (2012).

5 Logue (1980).

6 Hyman (2005). 国際労働運動の起源は、一八六四年にイギリスの組合が国境を越えて組織化に取り組んだことにあると言われる。すなわち国際労働運動の歴史は、労働運動それ自体の歴史と重なり合うほどに古い。

7 Global Framework Agreementの略称。

8 United Automobile, Aerospace and Agricultural Implement Workers of Americaの略。

9 企業別世界協議会は、ＵＡＷの著名なリーダーであるウォルター・ルーサー（Walter Philip Reuther）が構想したと言われる。

10 戸塚（一九九五a、二二頁）

11 Levinson（1972、邦訳版一三〇－一三二頁）。

12 Levinson（1972、邦訳版一三三頁）。

13 ＩＭＦ『ＩＭＦアクション・プログラム１９９３－１９９７年』一九九三年、一三－一四頁。

14 International Metalworkers' Federationの略。ＩＭＦは二〇一二年に他の国際産別組織と合併し、インダストリオール(IndustriALL)となった。

15 「ＩＭＦアクション・プログラム２００５－２００９年」第三一回ＩＭＦ世界大会(二〇〇五年五月オーストラリア・ウィーンで採択)、一五－一六頁。

16 ただし中国工場からは、「総工会」の役員はGWCの正式メンバーではなく、ゲスト参加という形で出席している。

17 Eurofound二〇〇二年九月二七日。

18 なお、同社は、二〇〇七年に関係を解消している。

19 ＩＭＦ(2011) Metal World, No1/2011.およびＡ労連の二〇一二年世界会議でのダイムラーの代表者からの発言資料に基づく。

20 ＩＧメタル、インダストリオールのインタビュー調査より。

21 たとえばルノー社のＧＦＡでは、組織再編の際にはグループ内で配置転換をおこない、雇用を保護することが定められている。

22 萱野(二〇〇八、六四四頁)。

［参考文献］

伊藤栄一(二〇一二)「日本の労使が培った建設的なパートナーシップを世界へ」『連合』二五巻四号、一三－一六頁。

萱野和夫(二〇〇八)『労働法第八版』弘文堂。

首藤若菜(二〇一七)『グローバル化のなかの労使関係：自動車産業の国際的再編への戦略』ミネルヴァ書房。

戸塚秀夫(一九九五ａ)「国際労働研究センターの発足にあたって」『労働法律旬報』一三七三号、一八－二八頁。

戸塚秀夫(一九九五ｂ)「序章　目的・経緯・論点」、「第7章　労働運動における国際連帯の構造：オーストラリアの事例に接して」『現段階における労働組合の国際政策・活動』東京大学社会科学研究所、調査報告第二七集。

早川佐知子（二〇一六）「EU諸国にみるコーポラティズム型CSRとグローバル枠組み協定」『社会政策』八巻一号、一一一-一二六頁。

Bomers G.B.J. (1976) *Multinational Corporations and Industrial Relations: a comparative study of West Germany and the Netherlands*, Van Gorcum.

ILO (1973) *Multinational Enterprises and Social Policy*, ILO.

Kujawa, D. (1980) *The Labour Relations of United States Multinationals Abroad: Comparative Prospective Views*, ILO Research Series, No. 60.

Hyman, R. (2005) "Shifting Dynamics in International Trade Unionism: Agitation, Organisation, Bureaucracy, Diplomacy", *Labor History*, Vol.46, No.2, pp.137-154.

Logue, J., (1980) *Toward a Theory of Trade Union Internationalism*, Gothenburg: University of Gothenburg .

Ietto-Gillies, G. (2012) Transnational Corporations and International Production: Concepts, Theories and Effects, 2nd edn. E. Elgar. (井上博監訳（二〇一二）『多国籍企業と国際生産：概念・理念・影響』同文館出版)

The World Bank, (2002) *Globalization, Growth, and Poverty: Building an Inclusive World Economy*, The World Bank for Reconstruction and Development.

GFA（国際枠組み協定）について

GFAは、1989年にフランスの乳製品メーカーであるダノン（DANONE）と国際産別組織IUF（国際食品関連作業労働組合連合会）との間で締結された協定に始まったとされる。それはダノン・グループにおける経済・社会情報の提供に関する協定と、職場における昇進の男女平等実現にむけた行動計画だった。その後もダノンは、立て続けにIUFと国際協定を締結していく。技能訓練、労働組合の権利、経営環境の変化が雇用と労働条件に及ぼす影響、多様性、健康・安全・労働条件とストレスに関する労使協定などである。これらの協定は、今日、国境を越えてダノン・グループで働く世界の従業員に適用されている。

国際産別組織は、これまでに100社以上の多国籍企業とGFAを締結してきた。GFAが欧州の労働運動から始まったことから、その多くは欧州系企業である。日系企業では、高島屋、ミズノ、イオンの3社が締結している。

日系企業でGFA締結が進まない理由としては、企業別組合を主とする日本では、企業の従業員によって組織された労働組合と会社との間で協定を締結することは慣れていても、企業外の組織が介入した協定は前例がなく、労使ともに抵抗感が強いことがある。

加えて日系企業は、協定を締結すればそれを完全に遵守しなければならないと考えがちであり、慎重になるためだと言われてきた。だが実際にGFAを締結している企業では、GFA違反が多数告発されてきた。つまりGFAとは、それに違反する行為があった時に、労使が連携してそれに対応していくことが、重要な機能の一つとされる。GFAに期待されていることは、その内容が遵守されるとともに締結したことによる予防効果の高まりや、事後対応の機能が形成されることにある。

第4章

スウェーデン福祉国家の変化

――アクティベーション政策を手がかりとして

山本麻由美

本章のポイント

スウェーデンに対して人々が抱くイメージとして、高福祉高負担の国であり、それを支えるために国が完全雇用を目指して積極的に労働市場に介入するというものがあると思われる。しかし、この政策は一九九〇年初頭に持続できなくなり、方向転換を余儀なくされた。グローバル化の中で、国際競争力の確保が最優先とされたためである。その結果、スウェーデンは「普通」の国になったと評されるほど大きく変化した。

スウェーデンを含む多くの先進国では、労働や失業者への支援のあり方に変化を迫られており、そこには移民政策との接合や受給者の主体性の確保など現代的な課題への対応も含まれている。本章では、スウェーデンにおける労働市場政策の変化を通して、国による関与の縮小、いわば福祉国家としての縮小がどのように着地したのか確認する。他国との比較は行わないが、スウェーデンの社会的土壌が独自の結果をもたらしていることが見えてくるだろう。その意味で、「普通」には納まらない強さを持っていることにも言及したい。

1 スウェーデン福祉国家はどう変わったのか

高福祉高負担の福祉国家、あるいは福祉国家の類型論における社会民主主義レジームに属する国としてスウェーデンは理解されてきた。大枠では変わらないとしても、その中身は経済や社会の状況に応じて変化を続けている。本章では労働と社会保障の接点である失業者への就労支援に着目し、その変化の特徴を探っていく。

福祉国家建設の開始を社会保障制度の萌芽に求めるならば、スウェーデンにおけるそれは一九一〇年代に始まる。そして、三〇年代初頭の大量失業に対処する中で社民党が長期政権をスタートさせ、現金給付よりも仕事に就くことで所得を確保することを重視する就労原則(arbetslinjen; work line)がスウェーデン福祉国家に根付いた。五〇年代半ばからは高度経済成長の波に乗って社会保険の給付が拡充されるとともに、同一労働同一賃金を掲げる連帯的賃金政策と職業訓練を活用した労働移動を柱とする積極的労働市場政策によるレーン・メイドナーモデルに基づく完全雇用政策が採られた。その後、石油危機により黄金時代は終わり、八〇年代には第三の道が模索されていたが、大きく政策が変わる契機となったのは九〇年代初頭の大不況であった。このときスウェーデンでは、三〇年代以来の高失業率を記録しており、現金給付と就労支援を併用して失業者に就労に向けた活動を強く促すアクティベーション政策が展開されることとなる。

以下ではアクティベーション政策の定着に至る経緯をまとめ、その構成要素となる諸制度の特徴を整理したうえで、アクティベーション政策の狙いを確認する。さらに労働者全体に対する失業による貧困リスクへの対処システムを俯瞰することで、スウェーデン福祉国家の変化の一端を提示したい。

2 完全雇用政策の放棄からアクティベーション政策へ

(1) 失業者を支える仕組みの整備

一九九〇年代に起きたスウェーデン福祉国家の変化は、七〇年代にそれまでの政策が行き詰まった結果である。スウェーデンでは六〇年代後半に経済成長の伸びが鈍った際、内需拡大による景気刺激策を実施するとともに、国が積極的に介入して完全雇用の達成を図った。雇用維持が重視されただけでなく、高齢労働者に早期退職を促して若者の雇用を確保することが意図された。後者には七四年に失業を理由として六〇歳から障害年金を受け取れるようにしたことも含まれる。

しかし、経済不振は予想に反して長期化し、賃金・物価水準と税率の上昇に伴う労働コストの高まりが価格に転嫁されて国内物価を押し上げ、国際競争力を下げるという構造的な問題が顕著になる。公共部門と経常収支は一九七八年から赤字となっており、八〇年代以降は内需抑制と国際競争力回復を目指す緊縮政策が政策基調として定着した。そして、状況が改善するまで雇用維持ではなく、失業対策事業を中心とする労働市場政策を拡充して対処することにした(戸原 一九八八、三一九−三五二)。八六年には職業訓練などの労働市場プログラムに参加すると失業保険の受給資格を更新できるようになった。このように失業者を受け止めながら経済再建を進める中で、福祉国家批判が展開されることとなる。

(2) 経済・金融危機と失業対策の方針転換

Larsson et al.(2012:7-8)は一九七〇年代から八〇年代にかけて起こった福祉国家批判の要点として、失業率を下げることができないこと、経済的に非効率であること、官僚主義、家父長主義のために自己の幸福を決める市民の権利を制限しているということを挙げ、これが八〇年代以降の地方分権、規制緩和、民営化、市場化につながったとまとめている。また、Blyth(2001:16-17)によると、経済学者がケインジアンから新自由主義者に転向し、スウェーデンモデルを批判するようになっていた。

そして、一九八〇年代後半から金融市場の自由化や通貨切り下げが行われ、拡大した貿易黒字による余剰資金が投機にまわった結果、バブル景気を招くことになった。これが九〇年に崩壊して深刻な不況をもたらした。不良債権により大手銀行の経営破綻や債務超過が起き、通貨危機の影響も重なって景気は冷え込み、九一年から九三年までの間にGDPは三年連続してマイナスとなった。財政赤字は急激に悪化し、政府債務残高の対GDP比は九七年に過去最高の七六・二%に達した(湯元他二〇一〇、六二-六六)。そして、失業率は九〇年の二・四%から跳ね上がって九三年には一〇・二%を記録した(**図1**)。

図1　就業率と失業率の推移（16-64歳）

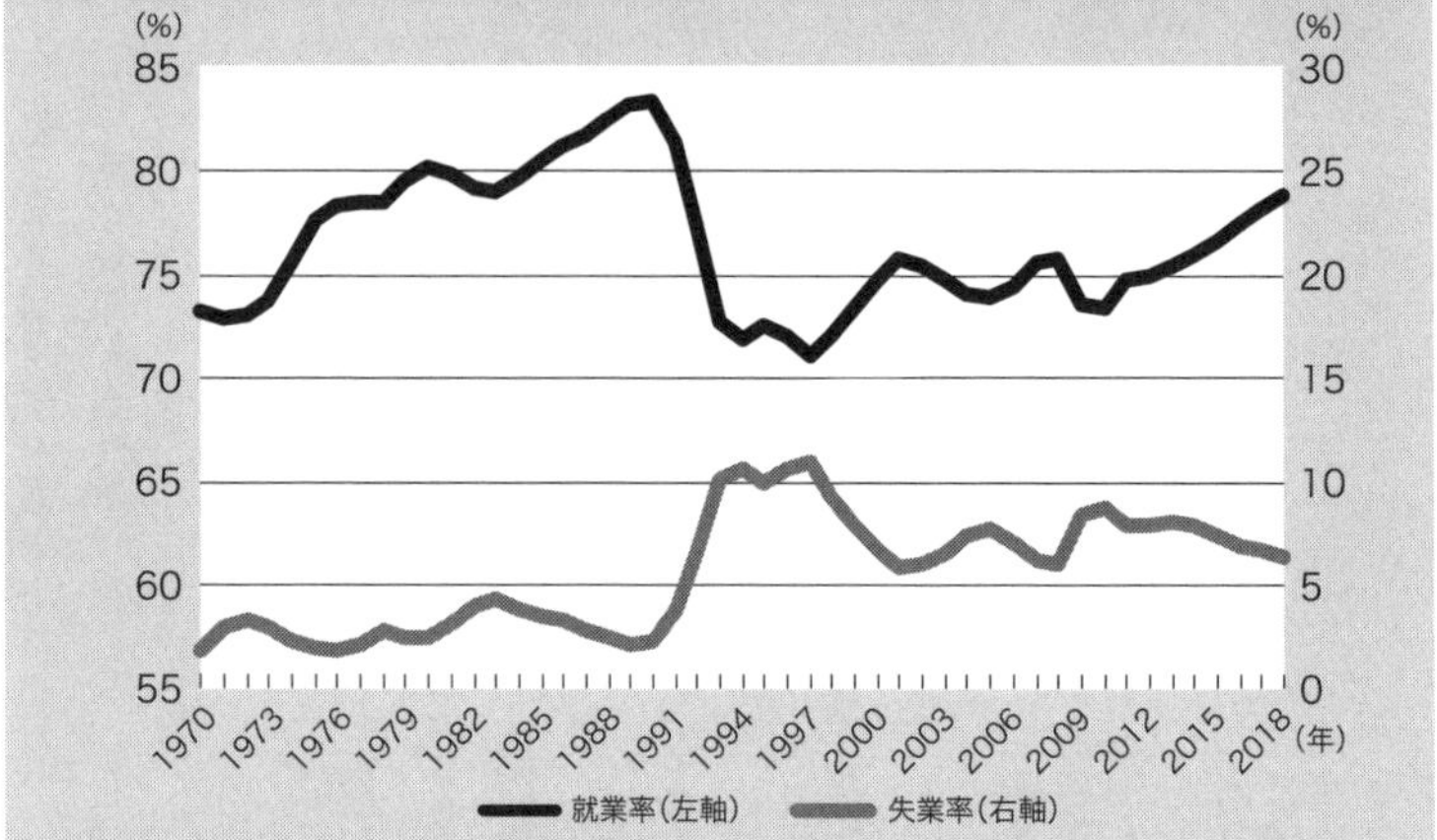

出所：Statistics Sweden 2019bより筆者作成。

そのような中、一九九一年に社民政権の財務大臣が、周囲の国よりも高いインフレ率の国で雇用を守ることは不可能であり、むしろ数年は雇用と富を守るためにもインフレの恒久的な抑制を優先させると述べた（Notermans 2000: 196）。すなわち、低インフレの実現と引き換えに完全雇用政策の旗を降ろすことを明言したのである。そして同年、中道右派政権（一九九一－一九九四）に交代してからは、税制改革、インフレターゲットの導入、財政健全化法制定、規制緩和などが断行された。加えて、社会保障の現金給付を引き下げるなど歳出削減を進めた結果、九八年からは財政黒字に転換した（湯元他 二〇一〇、六六－七二）。スウェーデン経済は九四年から回復し始め、インフレ率はそれまでと異なる低水準に移り、九〇年代初頭の政策転換の狙いを達成できたとみることができる（**図2**）。

一方、中道右派政権と、その後に復帰した社民政権（一九九四－二〇〇六）のいずれにおいても財政の均

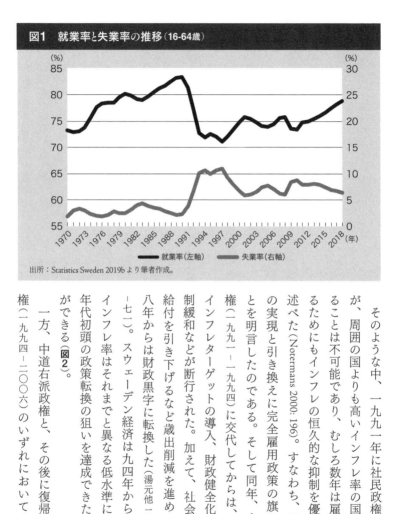

図2　実質GDP成長率とインフレ率の推移

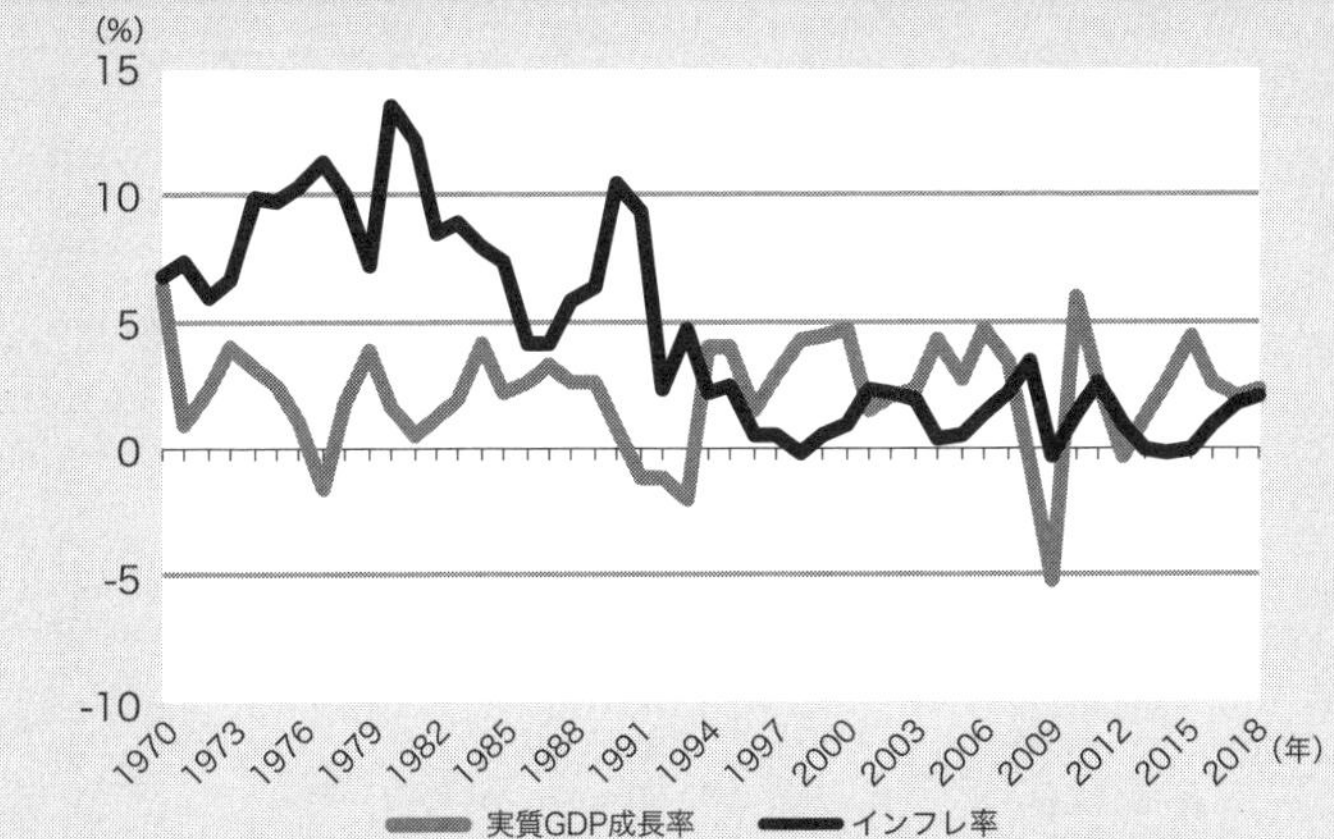

出所：OECD. Stat 2019a、Statistics Sweden 2019aより筆者作成。

衡が重視されたため、税金を使って失業者を支援する余地は減り、失業率は一九九七年には一一％に達した。また、九五年のEU加盟後は、EUでの議論の影響を受けて、失業は雇用が足りないという社会的なリスクではなく、個人レベルでの就業力(employability)の不足の問題であるという議論に変わった(Bengtsson et al., 2012: 87-88, 96-67)。

そして一九九〇年代後半から、新しい仕組みづくりが進められていく。九七年に失業を理由として障害年金を受給できないようにし、九八年には失業対策事業を廃止して失業者を直接雇わなくなり、仕事を体験させる仕組みを活用するようになった。さらに、賃金補助制度は長期失業者を対象とするようになった(Forslund et al. 2010:171-173)。

スウェーデン政府がEUに提出した九九八年の行動計画では、失業が長期化するリスクの高い障害者、移民、若者、低学歴者の就業力を高めて仕事に就ける方針が示されている(Government Office of Sweden

1998: 6)。また、九九年予算案において、二〇〇四年までに失業率を四％に下げるというそれまでの目標に、二〇歳から六四歳までの就業率を九七年の七四％から〇四年までに八〇％に引き上げることが追加された(Government Offices of Sweden 1999: 3-6)。就業率を政策目標に使うことは、失業者を非労働力化して失業率を引き下げるつもりがないという意思表示である(濱口二〇〇四、一七六－一七七)。八〇年代の就業率には戻っていないものの、すでに男女とも就業率が高いため、先述のような労働市場で不利な立場にある人(以下、労働市場弱者)への支援が重要視されたのである。具体的な対応としては、九八年に公的扶助受給者に就労に向けた活動を求める改正を行い、新しく若者保証プログラム(後述)を設けた。そして、〇一年には職業訓練などの労働市場プログラムに参加しても失業保険の受給資格を更新できなくし、その代わり、〇〇年に長期失業者を対象にした活動保証プログラム(後述)を設けた。

(3) 所得格差の拡大への処方箋としてのアクティベーション政策

スウェーデンで再び失業率が問題となったのは、二〇〇六年一〇月の選挙の前であった。〇〇年から〇一年にかけてITバブルがはじけたため、〇二年から〇五年はGDPがプラス成長にもかかわらず再び失業率が増加していたのである。特に若年失業者と疾病保険受給者が増加しており、これに失業期間が一年を超える長期失業者(以下、長期失業者)と移民を含む人々をどのように労働市場に包摂させるかが議論された(佐藤二〇一二、六八－六九)。これは所得格差拡大の論点とも重なる。湯元他(二〇一〇、一二六－一二八)によると所得格差拡大の主な原因は、一九九〇年代前半の大不況で失業が増え、所得水準が順調に伸び続ける就業者と失業者や給付に頼る非就業者との経済格差が広がったことにある。特に、九〇年代後半から財政赤字解消のために行われた給付削減は格差の拡大に拍車をかけた。Halleröd et al.（2010:5）も、〇〇年から〇七年において労働市場での立場が不安定な人たちの間で貧困リスクが高まり、労働市場の中にいる人と外にいる人との間での格差拡大がスウェーデン国内で議論を呼んでいたと述べている。

選挙期間中、社民党は格差の下の方にいる人々への給付の拡充を訴えたが新規性に欠け、非労働力化した人々を積極的に労働市場に取り込む政策を主張した穏健党を中心とする中道右派政権（二〇〇六―二〇一四）に交代した（佐藤二〇一二、六九）。そして、貧困問題を就労によって解決するべく、労働市場弱者に向けた制度改正が続き、これにはアクティベーション政策も含まれた。

そこで節を改めてアクティベーション政策を構成する諸制度の機能について、現金給付と就労支援サービスの特徴を見ていきたい。

3 アクティベーション政策による変化

(1) 現金給付の役割

新しく来た移民を含む失業者は一日最低三時間、週平均一七時間働ける場合、公共職業安定所（Arbetsförmedlingen）[1]に登録して職員と面談をして一緒に活動計画を作成し、定期的に書き直す。そして、毎月の活動報告を翌月の一四日までに提出する。

失業中の所得保障を行う制度はいくつかある。スウェーデンの失業保険はいわゆるゲント方式による任意加入であり、失業保険に加入している人は、失業前に少なくとも八〇時間以上働いた月が六か月あるか、六か月の間少なくとも四八〇時間かつ一月当たり五〇時間働いているという就労要件と、失業前に一二か月加入していたという加入要件を満たせば、所得比例給付を受け取る。加入要件を満たさないが就労要件を満たす人は、定額の基本給付を受け取ることができる。一方で、就労要件を満たせないと給付はない。

給付日数は、それまで五五歳以上は他の年齢に比べて長かったが、二〇〇七年の改正により原則三〇〇日(一週間に五日給付)にそろえられた。所得比例給付は、最初の二〇〇日間が従前所得の八〇%であり、その後七〇%に下がる。若者には就労を促すべく減額のタイミングが早く設定されており、一〇〇日後から七〇%、さらに一〇〇日後からは六五%になる。また、給付額には上下限が設定されている。この三〇〇日の間に失業者が積極的に求職活動をしないと給付が五－四五日間止まり、最も重い制裁の場合は受給権を失う。

労働市場プログラムに参加していると、活動補助(aktivitetsstöd)の受給権が発生し、これを受給する。したがって、失業保険の給付がない人、すなわち、三〇〇日の受給期間が過ぎた人あるいは失業保険の受給資格のない人も受け取ることができる。一週間に最大で五日まで給付され、フルタイムの参加でなければ時間に応じて減額される。きちんと活動しない場合は制裁の対象となり、最も重くて四五日間、給付が停止される。

活動補助は失業保険の受給資格がある人の場合、失業保険と同じ金額が給付されて三〇〇日を過ぎると従前所得の六五％となるが、受給資格がなければ定額の一日二二三クローナとなる。[2] 失業保険の受給期間中に労働市場プログラムに参加することを想定した仕組みになっているが、二〇一二年に失業期間が六か月未満の人の労働市場プログラムへの参加率は二〇％台半ばであり、同六－一二か月未満では四〇％台後半、同一二－二四か月では六〇％、同二四か月以上になると八三・五％となっていた（Arbetsförmedlingen 2013: 35）。失業保険の給付があるうちは、労働市場プログラムを利用せずに求職活動をしている人が多いと考えられる。なお、活動補助は後述の雇用・能力開発保証プログラムを利用している場合、合計で四五〇日まで給付される。

一八歳から二四歳の失業者には活動補助の代わりに能力開発手当（utvecklingsersättning）が給付される。失業保険の受給資格がない場合は、活動補助よりも低い日額一六二クローナであり、高卒学歴がない低学歴者（以下、低学歴者）の場合はさらに低額となる。

この他に、失業中に受給する可能性があるものとして、障害年金、疾病保険給付、新しく来た移民向けの定着給付を挙げることができる。

障害年金[3]では、給付の要否を労働能力で判断するため、一〇〇％ではないにしても仕事ができると判断されれば、労働能力の低下に応じて四分の一、二分の一、四分の三の部分受給となる。二〇一六年一二月において障害年金の受給者のうち女性の三〇％、男性の一九％が部分受給であった（Försäkringskassan 2017: 52,54）。これらの部分受給者は、その人の状態に適した仕事が見つからなければ、部分的に失業状態になる。

疾病保険でも一九九〇年から労働能力の減少に応じて四分の一、二分の一、四分の三の部分受給

表1　公的扶助受給の主な理由（抜粋）（2017年）

失業	44.10%
定着給付を受給していて失業	6.30%
病欠中（診断書あり）	13.10%
障害年金受給	4.30%
社会的な理由で働けない	18.40%

出所：Socialstyrelsen（2019:Tabell 1）より抜粋して筆者作成。

が可能である。二〇一六年一二月には受給者のうち女性の三四％、男性の二六％が部分受給となっており、特に精神疾患の患者が多い（Försäkringskassan 2017: 46）。また、増加していた長期受給者への対応として〇八年に改正を行い、期間を区切って仕事復帰の可能性を探るようにした。その検討の場には公共職業安定所の職員が参加することもある。

定着給付（etableringsersättning）は、在留許可が下りた最初の三年のうちの二年間に給付され、公共職業安定所の職員と就労または就学に向けた活動計画を立てると受給権が発生する。活動計画を作成している間は日額二三一クローナ、その後、活動にフルタイムで参加したら日額三〇八クローナに増額となる。子どもがいる場合と単身者の場合には加算が付き、制裁のルールは活動補助と同じである。

そして、所得が最低生活に不足する場合は、ミーンズテスト（資力調査）を伴う公的扶助を受給できる。公的扶助の受給者はほぼ現役世代であり、二〇一七年において一八歳以上の全受給者二六万人のうち六五歳未満が九六％を占めた。中でも三〇代が二三％と最も多く、一八歳から三九歳までの人で五八％となっていた。また、出生地別でみるとスウェーデン生まれの人よりも外国生まれの人の方が多く、後者が六八％にのぼった（Socialstyrelsen 2018: Tabell 8）。受給理由は失業が最も多く、定着給付を受給していて失業している人を合わせると、全体の五〇・四%を占めている（**表1**）。

公的扶助に失業者が集まっている状況となっているが、一九九八年に公的扶助を規定する社会サービス法が改正され、[4] 実施機関であるコミューンは受給者が自己の資源を活用して社会生活に活動的に参加できるよう支援しなければならないと明記された。特筆すべきは失業中の受給者には就労に向けた努力を求め、これを怠った場合には、給付に制裁を科す権限をコミューンに認めたことである(Köhler et al. 2008: 276, 282)。

以上の現金給付のすべてが、就労や就学に向けて活動することを受給者に求めている。失業保険と定着給付は失業者が最初に受け取る給付として受給期間が限られており、障害年金、疾病保険も就労能力のある人を抱え込むことはしない。したがって、活動補助・能力開発手当と最終的には公的扶助が、長期失業者を支えている。

(2) 就労支援サービスの役割

一九九〇年代に失業中の公的扶助受給者が増加した際、コミューンが当該受給者への就労支援も行なっていた。公的扶助受給者が公共職業安定所の支援対象として重視されていなかったためである。その後、コミューンと公共職業安定所が共同で実施する就労支援として、まず、九八年に若年失業者に対する若者保証プログラム(ungdomsgarantin)ができ、二〇〇〇年には長期失業者に対する活動保証プログラム(aktivitetsgarantin)がスタートした。いずれの制度も対象に公的扶助受給者を含み(Köhler et al. 2008: 273-276)、集中ガイダンス、個別活動計画の作成、訓練と賃金補助付き雇用などを段階的に提供した（Bengtsson 2012: 98）。

これらの制度は政権交代後の二〇〇七年に若者への雇用保証プログラム（Jobbgarantir för ungdomar）と雇用・能力開発保証プログラム（jobb- och utvecklingsgarantin）にそれぞれ引き継がれ、公的扶助受給者を含む就職困難者への支援を公共職業安定所が担当することになった。前者は四か月間で九〇日失業している一六–二四歳の若者を対象としている。後者は、失業保険を三〇〇日間受給する、一五か月の若者への雇用保証プログラムが終了する、二五歳以上で疾病保険受給からの復帰プログラムに参加している、二年間の定着給付が終了する人が対象となる。フルタイムの仕事か高等教育機関に進学するまで参加し続けることができるため、最後の受け皿といえる。

そして二〇一〇年から一一年にかけて、新しく来た移民への定着支援も公共職業安定所が担当することになった。公共職業安定所の職員が面談を行い、本国での職歴や教育歴および本人の希望などを参考にしながら活動計画を作成し、就労あるいは就学に向けた支援を調整する。定着支援に限らず、公共職業安定所では、職員と失業者本人がいくつかの活動を組み合わせて、その人に合った活動計画を作成する。近年は公共職業安定所が外部の実施者が提供する活動に費用を支払い、失業者が利用する形が増えている。

これらの制度変更により、労働市場弱者が公共職業安定所に集められた。そして、公的扶助受給者も公共職業安定所の支援を受けるようになり、結果として、公共職業安定所の就労支援サービスが貧困対策の重要な役割を担うようになった。ただし、公共職業安定所が持つのは失業者と求人のマッチング機能である。労働市場に出された求人に応じられる状態を失業者が維持するための支援であり

(Bengtsson et al, 2012: 102)、実際に就職できるかどうかは労働市場の状況に委ねられている。

(3) 公的な就労支援の特定グループへの集中

二〇〇〇年代後半からの就労支援制度の変化は何をもたらしたのだろうか。この点について、失業期間と公共職業安定所の登録者の内訳から確認したい。

まず、若者について見ると、二〇一七年での一五－二四歳の失業率は一七・八%と全体(一五－七四歳)の失業率六・七%に比べて三倍近くとなっているものの(Statistiska centralbyrån 2018)、失業期間が三か月未満の人が全体の約七割を占めている(**図3**)。就学から就労への移行期間での失業があるため、もともと他の年齢層よりも失業率は高かったが、規制緩和によって若者の職業生活への入り口として有期雇用が活用され、なおかつ、雇用の調整弁として活用されたことも影響している。したがって、公共職業安定所の関与が強まる若者への雇用保証プログラムの対象となるのは、若年失業者の三割程度ということになる。

また、スウェーデン生まれと外国生まれの若者の間には大きな差がある。Dessimirova et al. (2017:3)によると、二〇一四年のスウェーデン生まれの若者の失業率が二〇・六%であったのに対して、ヨーロッパ圏外生まれの若者の失業率は四一・七%であった。公共職業安定所の登録失業者の統計(Arbetsförmedlingen 2019)では、一八年一二月において、一六－二四歳の登録失業者のうち、登録期間が一二か月を超える人はスウェーデン生まれの集団では一七%であったのに対して、外国生まれでは三三%となっていた。外国生まれの若者の方が失業が多いだけでなく、長引く傾向にある。これは外国生まれの若者に学歴の低い人が多いことが一因である。

そして、二五歳以上の失業者について失業期間別に見ると、一九九〇年代初頭に長期失業者も急増し、九七年にピークに達していた。このとき、長期失業者は失業者全体の四〇％を占めるほどであった。その後も不況前の水準には戻っていないが、近年、長期失業者の割合は二〇％台となっている（**図4**）。雇用・能力開発保証プログラムの対象となりうる失業者はここに含まれる。

次に公共職業安定所に登録している人についてまとめた統計資料から、失業が特定のグループに集中していることを確認したい（**表2**）。二〇一八年末に障害者あるいは外国生まれに該当する人だけで登録者全体の七〇％を占めていた（重複分六％を除く）。長期失業者については、その八三％が障害者か外国生まれに該当する（重複分九％を除く）。雇用・能力開発保証プログラムを利用する人たちは、ほぼこれらの属性を持つ人によって占められているといえよう。

特に外国生まれの人、すなわち移民は、二〇〇六年以降にヨーロッパ圏外からの難民の受け入れ増加に伴って急増している。Government Offices of Sweden (2018: 21) によると、新しく来た移民の半分が労働市場に定着するまで一〇年かかっていたが、一一年に入国した移民の四八・五％はその後五年間で仕事を得ていた。それでも、失業期間が一年を超える長期失業者になっている人が多いことがうかがえる。

さらに、二〇一五年にはEU域内の国で人口比では最も多い一六・三万人の難民を受け入れ、二〇一四年と合わせると、人口の二・五％に相当する規模となった (Dessimirova et al, 2017: 2)。直近三年間の雇用状況を見ると、外国生まれの就業者数は増えているものの、失業率はスウェーデン生まれの人に

図3　失業期間別にみた25歳未満の失業者数の推移

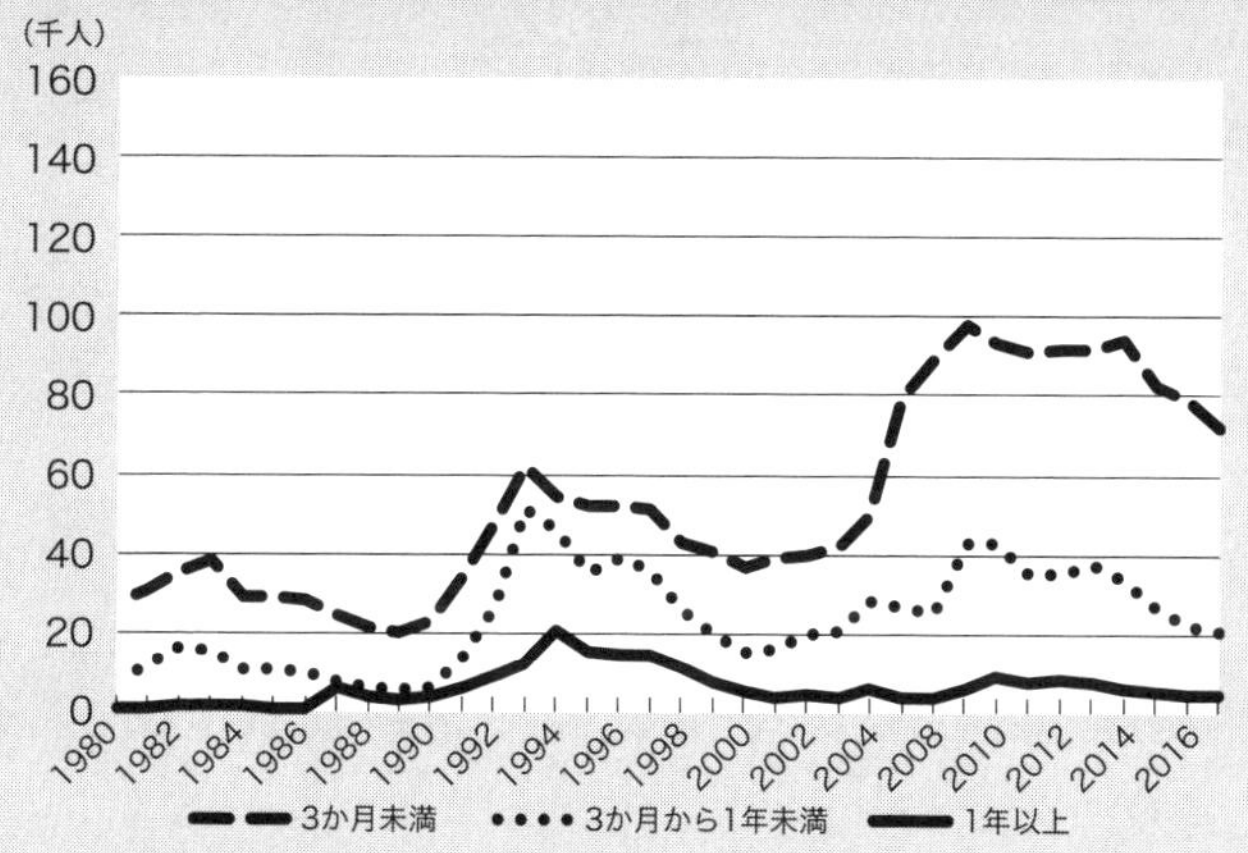

出所：OECD 2019bより筆者作成。2005年と2006年のデータが欠けている。

図4　失業期間別にみた25歳以上の失業者数の推移

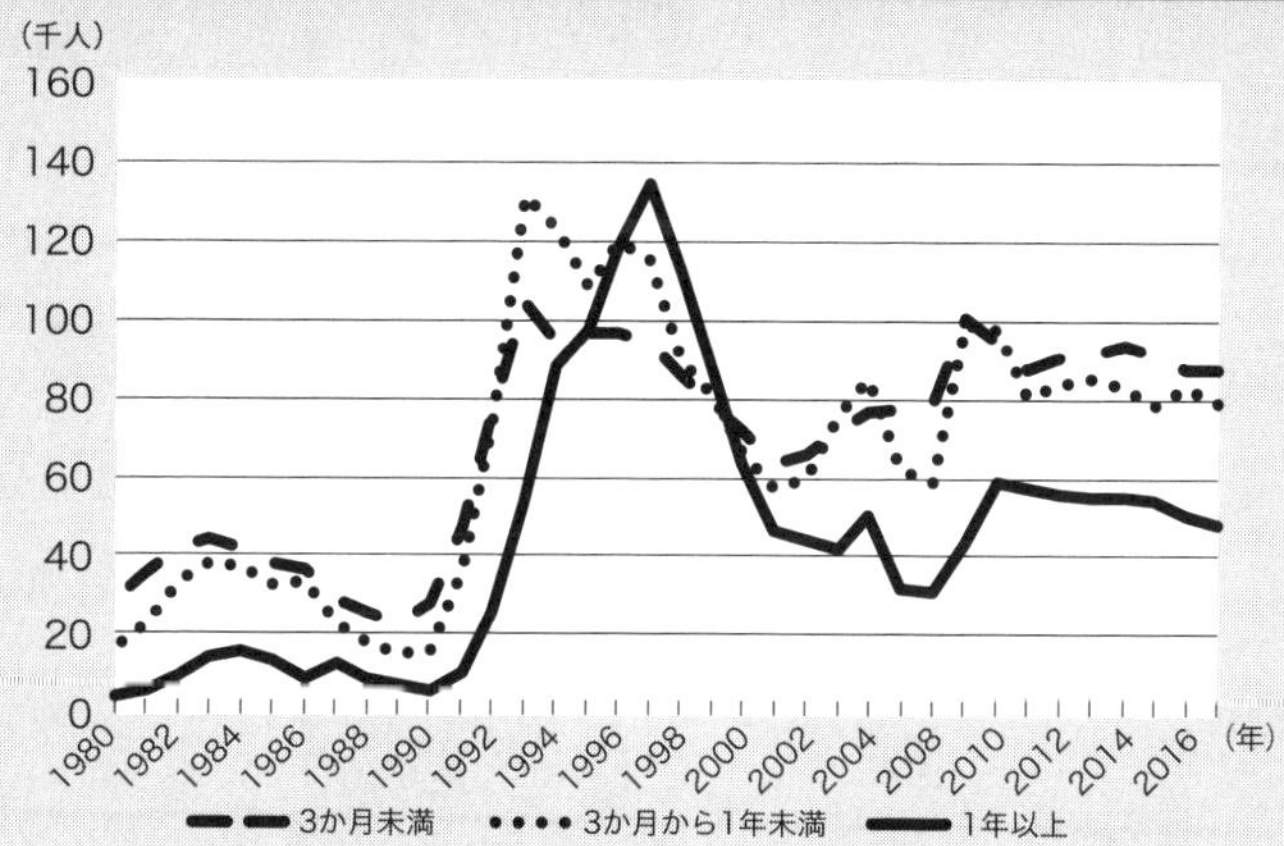

出所：OECD 2019bより筆者作成。2005年と2006年のデータが欠けている。

表2　公共職業安定所の登録者数の内訳の推移（千人）

	合計	障害者		外国生まれ		長期失業者					
								うち障害者		うち外国生まれ	
2006.12	277,503	40,069	14%	68,480	25%	67,144	24%	18,555	28%	19,998	30%
2012.12	414,329	76,598	18%	151,556	37%	139,834	34%	43,143	31%	59,049	42%
2018.12	344,413	61,984	18%	198,132	58%	144,083	42%	35,990	25%	96,409	67%

出所：Arbetsförmedlingen 2019より筆者作成。

表3　直近3年間の雇用状況の推移（15-74歳）

	就業者数（万人）	就業率（%）	失業者数（万人）	失業率（%）
2015年	483.7	66.6	38.6	7.4
スウェーデン生まれ	399.9	68.4	22.7	5.4
外国生まれ	83.8	59.5	15.9	16
2016年	491	67.1	36.7	6.9
スウェーデン生まれ	402.3	68.8	20.2	4.8
外国生まれ	88.7	60.1	16.4	15.6
2017年	502.2	67.8	35.8	6.7
スウェーデン生まれ	405.7	69.5	18.7	4.4
外国生まれ	96.5	61.7	17.2	15.1

出所：Statistiska centralbyrån 2016,2017,2018より筆者作成。

比べて三倍以上と高い（**表3**）。受け入れ人数が多いこととあいまって、公共職業安定所の登録者に占める外国生まれの人の割合はさらに高くなるだろう。

　この状況に応じるように、公共職業安定所は二〇一二年にオンラインのプロファイリングツールを導入し、本人の情報（年齢、障害、出生地、教育歴、失業歴、専門性）から、統計的に長期失業者になるリスクの高い人を抽出して早めに支援を行っている（Ministry of Employment Sweden 2014: 6-9）。くわえて、その提供する活動のメニューのほとんどは、障害者や新しく来た移民、若者、低学歴者、長期失業者を対象にしている。

以上のことから、労働市場プログラムの二本柱となっている若者への雇用保証プログラムと雇用・能力開発保証プログラムが対象とするのは、失業者のうちの少数派であり、公共職業安定所はほぼ労働市場弱者の就労支援機関となっているといえるだろう。

4 アクティベーション政策のメリット

アクティベーション政策が展開されていく中で、現金給付は労働能力を活用することを受給者に求め、就労支援サービスは貧困につながる長期失業の予防と救済に特化するようになったことが見えてきた。この就労を促す一貫した態度は、スウェーデンの社会政策に深く根差す就労原則とよくなじむものである。二〇〇〇年代に入ってからの政府の考え方を確認する材料として、佐藤(二〇一二、五八)が〇四年に社民政権が社会保険調査委員会を設置した際に行った包括的な定義を以下のようにまとめている。

(就労原則とは)「就労が可能で自分で生計を立てたり、社会のために貢献できる者には、その可能性がきちんと与えられる」とともに「全ての人は自分の就労能力を生かしたり、それを発展させながら、必要であれば職や居住地を変えて就労の努力をする義務がある」とした上で、政府として「現金の支払いよりも、就労支援や教育・訓練といった積極的な措置を優先する」ことだとされている。

就労原則の背景には、人々は通常の仕事を通して自活するべきという強力な労働倫理がある（Köhler et al. 2008: 258）。スウェーデンに限らず北欧では、労働市場に参加する、つまり働くことが個人として扱われる権利につながり、民主主義の基本的な価値を構成している。そのため、病気や失業などで労働市場から排除されることは人間の尊厳を損なうことになると考える（Ketscher 2007: 147）。二〇〇六年に社会保険調査委員会がまとめた報告書では、疾病保険の長期受給について、病欠が長引くと社会からの排除につながるため、疾病給付受給者を失業者の立場に移して支援し、ゆくゆくは労働者にすることが望ましいという主張が展開された（Socialförsäkringsutredningen 2006）。これも上記の価値観を反映しているといえよう。

また、就労に向けた努力をする義務を果たす人を政府が支援するという考え方は、一九九八年以降に新設された就労支援の制度において、個別化した支援を提供し、失業者本人が同意した活動計画の実行を本人に課す形で実践されている。

これとバランスをとるように、スウェーデンでは失業者の就労支援を利用する権利が強調されている（Hultqvist 2017: 154）。一九九八年に改正された社会サービス法では、失業している公的扶助受給者に対して給付と引き換えに就労を求めると同時に、受給者の自己決定を尊重し、希望をできるだけ考慮することを原則に追加した（Köhler et al. 2008: 282）。そして、労働市場プログラムのいくつかの活動でも、本人に主体的に行動をさせるようになっている。「マッチング支援（Stöd och matching）」では、就職活動の支援団体と支援者を自分で選び、途中で変更することができる。賃金補助付き雇用の「ニュースタート雇用（Nystartsjobb）」と就労準備の「職場体験（Arbetspraktik）」、職業訓練の「職業導入雇用

（Yrkesintroduktionsanställning）」では、本人が自分のコネか公共職業安定所を通して事業者を見つけて、事業者に申請書を出してもらう。さらに、「ニュースタート雇用」を含む賃金補助金付き雇用と「職場体験」では、本人、公共職業安定所、事業者の間で作業内容などについて合意書を作成する。低学歴の若者が高校までの勉強を修了することを支援する「教育契約（utbildningskontrakt）」では本人、公共職業安定所、コミューンの間で契約を結ぶ。このように、失業者本人の意思の反映や意思の確認がされることは、それまでの支援の家父長主義的な姿勢を反省し、受給者のクライエント化を避け、より多くの発言の機会や選択の機会を提供し、そこで選択できるような力をつけることを重視するようになったことの表れとみることができるだろう（Andersen et al. 2005: 261）。

最後に、スウェーデンのアクティベーション政策が就労の強要と一線を画す特徴として、労働のニーズを満たすという考え方があることを追加したい。スウェーデンでは失業者の労働のニーズを満たすために活動する労働統合型社会的企業が、労働市場プログラムに参加する障害者や長期失業者などに活動の場を提供している。労働統合型社会的企業は就労継続が非常に困難な人を労働生活や社会に統合することを目的とし、利益を再投資にまわす非営利組織である。形態としては協同組合、ＮＰＯ、株式会社がある。二〇〇八年の疾病保険改正後には社会保険事務所と公共職業安定所が共同で、精神障害があり労働能力が低い人にリハビリと就労支援を行う契約を三七の労働統合型社会的企業と結んだ。一四年には労働統合型社会的企業の数は三〇〇、そこで活動した人は九〇〇〇人であった（藤岡二〇一六、一三七－一三八、一四五－一四六）。

このような価値観によって支えられているスウェーデンのアクティベーション政策は、福祉国家の新しい特徴を示している点に存在意義があるといえよう。もともと自力で安定した仕事に就くのが困難な労働市場弱者を対象にしているアクティベーション政策で、就職という成果を挙げることは簡単ではないが、スウェーデン政府にとってアクティベーション政策は、価値観や理念を表現する手段として、すでにメリットを持っているのである（Aerschot 2011: 152）。

5 失業が短期で済む人への支援

公共職業安定所の支援は労働市場弱者に集中するようになったが、多くの失業者はこれに該当しない。そのような人々は、失業以外に問題がなく、失業のみに対応すればよい人、と言い換えることができるだろう。例えば、整理解雇による非自発的失業者は、二〇〇二年から一二年の間に、毎年平均で労働者の二・一％の規模で発生していた。他方で、〇〇年から〇九年の間に整理解雇された人の八七％が一年以内に再就職した（OECD 2015:13）。多くの人の失業が失業保険の支給期間内に収まり、雇用・能力開発保証プログラムの対象になっていないことがうかがえる。

これを支えるのは、労働組合と使用者団体が中央レベルで締結した労使協約に基づいて設立された再就職支援団体である。一〇以上の再就職支援団体があり、もっとも長い歴史を持つのが一九七三年に設立された民間ホワイトカラーの再就職を支援するＴＲＲ（TRR Trygghetsrådet）という団体である。

ＴＲＲは一九六〇年代末の景気後退と石油危機で民間ホワイトカラーに対して大規模な整理解雇を

表4　主な再就職支援団体

	対象	労働者数	利用資格
TRR	民間ホワイトカラー	85万人	就労5年以上、40歳以上
TSN	国家公務員	25万人	無期雇用で1年以上、または臨時雇用で3年以上
TSL	民間ブルーカラー	90万人	無期雇用で50か月以上、かつ40〜65歳
Omställningsfonden	地方公務員	110万人	無期雇用で4年以上（フルタイムの40％以上）、かつ解雇時に65歳未満

出所：OECD 2015:50 Table2.1に加筆して筆者作成。

するために、これらの人たちのニーズに合った再就職支援を労使双方が希望して設立された。当時から、公共職業安定所の支援では不十分と考えられていたのである（Diedrich et al. 2006: 8, 13）。その後、国営企業の民営化や再編による整理解雇に対応するため九〇年に国家公務員の再就職を支援する協約が結ばれてＴＳＮ（TSN Trygghetsstiftelsen）ができた。このように、再就職支援はスムーズに整理解雇を進めることを目的としている。

ホワイトカラーの再就職支援が先行したのは、公共職業安定所の就労支援がブルーカラーを対象にしていたためであった。しかし、一九九〇年代以降、すでにみたようにその対象がより限定されていき、それに呼応するように二〇〇四年には民間ブルーカラーの再就職を支援するＴＳＬ（TSL Trygghetsfonden）が、一二年に地方公務員の再就職支援団体（Omställningsfonden）が設立され、協約に基づく再就職支援の網がほぼ張られた形になっている（**表4**）。

再就職支援の財源は、雇用主のみが負担する。そして、解雇予告を受けた労働者は再就職支援を利用し、条件に該当すれば失業してから現金給付も受け取る。再就職支援には、カウンセリング、活動計画作成、面接練習、履歴書作成補助、能力開発、訓練、起業支援などが含まれており、公共職業安定所の労働市場プログラムを代替しているといえる。スウェーデンにおける解雇予告期間は数週間から数か月と長く、整理解雇の対象となったら解雇を待たずに再就職支援団体が支援を開始する。再就職支援団体の支援は一－二年だが、二〇一四年に再就職支援団体を利用した人の八〇－九〇%が公共職業安定所の支援を受けずに七－八か月のうちに新しい仕事を見つけることができていた（OECD 2015: 76-80）。

このような支援を受ける労働者には条件があり、無期雇用の労働者に限定している団体が多く、そうでなくてもある程度の就労年数を求めるようになっている（**表3**）。そのため、労働市場に定着できる人を対象にしているといえよう。反対に、雇用形態では有期や臨時雇用、属性では若者、低学歴の人は再就職支援から漏れ、公共職業安定所が対応するという役割分担が見えてくる。公的な就労支援が（再）就職の難しい人に特化していく裏で、労働市場で需要のある人は労使協約による民間の再就職支援を利用するという住み分けが進んでいたのである。

6 四半世紀におよぶ変化から見えてきたもの

スウェーデンでは一九九〇年からの約二五年で、失業者に対して、仕事を得られないのであれば給付で支えるという政策から、仕事を得られるように支えるという政策に変化した。働いている人と働いていない人との所得格差の拡大が社会問題になった時は、働いていない人を働かせることによる格差縮小を目指した。そして、アクティベーション政策により、貧困の解消を労働市場に託すとともに、福祉国家の家父長主義的な側面を修正して失業者の自己責任と権利を重視する仕組みを整えている。

結果として、公的な就労支援の対象になる人の属性は大きく変化した。かつては働いていなかったような人たちが、失業者として公共職業安定所を利用しながら仕事を探すようになっている。このような人たちは、短期雇用を繰り返したり、技能が不十分で失業を繰り返したりして、労働市場への定着と収入が不安定となる。以前、筆者がスウェーデンの若者と話をした時に「公共職業安定所にもインタビューに行った」と言ったら、公共職業安定所にあまりいいイメージを抱いていないような反応をされた。失業が貧困の第一の要因である社会において、公共職業安定所の就労支援は「訳アリの人が使うもの」というスティグマを伴うようになっているのかもしれない。

一方、労働市場に定着できた人には、協約給付が公的な支援で不十分なところを補完するシステムが普及した。協約給付は、内容に差があるとはいえ広範な労働者に適用されるため、準公共的な存在といえるだろう。第四節で言及した社会保険調査委員会の二〇〇六年の報告書には、社会保障給付の設計において協約給付を合わせた全体の給付を見る必要があるとの政府の認識が書かれていた（Socialförsäkringsutredningen 2006: 204）。公的給付と協約給付の補完関係は、スウェーデン福祉国家が持続可能性を模索してたどり着いた形であるといえるのではないだろうか。

［注］

1 スウェーデンでは労働市場政策に関わる中央の行政庁と市中の事務所などが二〇〇八年に統合されてArbetsförmedlingenという組織になった。本章でのArbetsförmedlingenは失業者に直接支援を行う部署を指しているため、日本語訳にはその役割をイメージしやすいように公共職業安定所をあてる。

2 二〇一九年三月の時点で、一スウェーデンクローナは約一二円である。

3 一九九九年の公的年金改革により二〇〇三年から疾病給付に統合され、活動補償（Aktivitetsersättning）および疾病補償（Sjukersättning）として給付されている。前者は一九歳から二九歳の人が少なくとも一年間フルタイムで働けないと判断された場合に給付し、後者は三〇歳以上および一九歳以上の人で今後どのような仕事もできないと判断された場合に給付する。本稿では便宜的にこれらの給付をまとめて障害年金と表記する。

4 この改正により、給付の名称がそれまでの社会扶助（socialbidrag）から生計補助（försörjningsstöd）と非定型コストのための一時的補助から成る経済援助（ekonomiskt bistånd）に変わった。本稿では両者を合わせて公的扶助と呼ぶ。

5 受給期間に区切りを設けることなども書かれており、二〇〇八年の改正の布石になったと思われる内容であった。

［参考文献］

佐藤吉宗（二〇一二）「1990年代以降の労働市場政策の変化と現在の課題」『海外社会保障研究』第一七八号、五八－八〇頁。

戸原四郎（一九八八）「スウェーデン経済と福祉国家の現状」『転換期の福祉国家［上］』東京大学出版会、二七五－三六二頁。

濱口圭一郎（二〇〇四）「労働市場の改革」田中友義・久保広正編著『ヨーロッパ経済論』ミネルヴァ書房、一六九－一八八頁。

藤岡純一（二〇一六）『スウェーデンにおける社会的包摂の福祉・財政』中央法規。

湯元健治・佐藤吉宗（二〇一〇）『スウェーデン・パラドックス』日本経済新聞出版社。

Aerschot, Paul Van (2011) *Activation Policies and the Protection of Individual Rights*, Routledge.

Afa, Work-related insurance, https://www.afaforsakring.se/globalassets/sprak/f6285_forsakringar-i-arbetslivet-engelska.pdf.（二〇一八年六月一八日ダウンロード）

Andersen, J. Goul, Anne-Marie Guillemard (2005) "Conclusion: policy change, welfare regimes and active citizenship", in J. G, Andersen, A. Guillemard, P. H. Jensen B. Pfau-Effinger (eds) *The Changing Face of Welfare*, Policy Press, 257-272.

Anderson, Karen M. (2015) "Occupational Pensions in Sweden", Friedrich Ebert Stiftung.

Arbetsförmedlingen (2013) "Arbetsförmedlingen annual report 2012", Arbetsförmedlingen.

Bengtsson, Mattias, Tomas Berglund (2012) "Labour Market Policies in Transition: From Social Engineering to Standby-ability", in B. Larsson, M. Lettel, H.Thörn (eds.) *Transformations of the Swedish welfare state – from social engineering to governance?*, Palgrave macmillan: 86-103.

Blyth, Mark (2001) "The transformation of the Swedish model: Economic Ideas, Distributional Conflict, and Institutional

Change", *World Politics*, 54 (October): 1-26.

Dessimirova, Denitza, Chloé Grondin, Megan Williams (2017) "The social and employment situation in Sweden", European Parliament.

Diedrich, Andreas, Ola Bergström (2006) "The Job Security Councils in Sweden", Institute for Management of Innovation and Technology (IMIT) and Monitoring Innovative Restructuring in Europe (MIRE), Gothenburg University.

Finfa (2017) "Introduction to insurance schemes on the labour market 2017", Finfa.

Forslund,A, Alan Kruger (2010) "Did Active Labour Market Policies Help Sweden Rebound from the Depression of the Early 1990s?", in R. B. Freeman, B. Swedenborg R. H. Topel (eds.) *Reforming the Welfare State, National Bureau of the Economic Research*, 159-187

Försäkringskassan (2017) "Social Insurance in Figures 2017", Försäkringskassan.

Government Offices of Sweden (1998) "Sweden's Action Plan for Employment", Sweden.

Government Offices of Sweden (1999) "Sweden's Action Plan for Employment", Sweden.

Government Offices of Sweden (2018) "Sweden's National Reform Programme 2018", Sweden.

Halleröd, Björn, Daniel Larsson (2010) "Sweden In-Work poverty and labour market segmentation", European Commission.

Hultqvist, Sara, Iben Nørup (2017) "Consequences of activation policy targeting young adults with health-related problems in Sweden and Denmark", *Journal of Poverty and Social Justice*, 25 (2), 147-161.

Ketscher, Kirsten (2007) "Contrasting legal concepts of active citizenship", in B. Hvinden, H. Johansson (eds.) *Citizenship in Nordic Welfare States*, Routledge, 141-154.

Köhler, P. A., Thorén, K. H., Ulmestig, R. (2008) "Activation Policies in Sweden: Something Old, Something New, Something Borrowed and Something Blue" in W. Eichhorst, O. Kaufmann, R. Konle-Seidl (eds.) *Bringing the Jobless into Work?: Experiences with Activation Schemes in Europe and the US*, Springer, 257-296.

Larsson, Bengt, Martin Lettel, Håkan Thörn (2012) "Transformations of the Swedish Welfare State: Social Engineering, Governance and Governmentality – An Introduction", in B. Larsson, M. Lettel, H. Thörn (eds.) *Transformation of the Swedish welfare state – from social engineering to governance*, Palgrave macmillan, 3-22.

Notermans, Ton. (2000) *Money, Markets and the State: Social Democratic Economic Policies since 1918*, Cambridge University Press, United States.

Ministry of Employment Sweden (2014) "Youth employment policies in Sweden – the Swedish response to the Council recommendation on establishing a Youth Guarantee", Sweden.

OECD (2015) *Back to work Sweden*, OECD.

Statistiska centralbyrån (2016) "Arbetsmarknadssituationen för hela befolkningen 15-74 år", AKU 2015.

Statistiska centralbyrån (2017) "Arbetsmarknadssituationen för hela befolkningen 15-74 år", AKU 2016.

Statistiska centralbyrån (2018) "Arbetsmarknadssituationen för hela befolkningen 15-74 år", AKU 2017.

Socialförsäkringsutredningen (2006) *Mera försäkring och mera arbete*, SOU 2006: 86.

［統計資料］

Arbetsförmedlingen (2019) Inskrivna arbetslösa - tid utan arbete 2006 - 2018 (2019.3.15)

OECD Stat. (2019a) Country statistical profiles, Real GDP Growth, 2019.4.5ダウンロード

OECD Stat. (2019b) Unemployment by duration, 2019.4.5ダウンロード

Socialstyrelsen (2018) Statistik om ekonomiskt bistånd 2017, Tabell 8

Socialstyrelsen (2019) Försörjningshinder och ändamål med ekonomiskt bistånd 2017

Statistics Sweden (2019a) Inflation and price level in Sweden 1830-2018, 2019.4.11 ダウンロード
Statistics Sweden (2019b) Unemployed persons aged 15-74 (LFS), 1000s by labour status, sex, age and year, Latest update 2019.1.24

［ホームページ］

公共職業安定所：Arbetsförmedlingen, https://arbetsformedlingen.se (2019.3.18)
社会保険庁：Försäkringskassan, https://www.forsakringskassan.se (2019.3.18)

協約給付による補完はどこまでか

第4章で取り上げた協約給付は、団体保険の形をとっている。すなわち、経営者のナショナルセンター（Svenskt Näringsliv; SN）に加盟した雇用主が従業員への協約給付を提供するための保険に加入する。この保険は労使のナショナルセンターが共同出資するいくつかの団体によって管理・運営されている。SNに加盟していない雇用主でも、労使協約に基づいて加入することができ、スウェーデンの労働者の90%に何らかの協約給付がある。

保険の種類として、労災保険、傷害・疾病保険、老齢年金保険（以下、協約年金）、死亡保険、そして本章で言及した整理解雇保険があり、具体的な給付の内容は条件に応じて従業員ごとに異なる。民間のブルーカラー労働者には育児休業に対する保険給付もある。整理解雇保険ではTSLやTRRなどからサービスが給付されるが、その他の保険では現金のみの給付となり、社会保険の給付への上乗せを意図している。

社会保険は所得比例の給付が主体となっているが、その計算に使う所得には上限が設けられている。2014年には男性の20%、女性の8%がこの上限を超える所得を得ていた。これらの人たちは、給付を受ける際に他の人よりも実質的に給付水準が低くなる。特に協約年金では、この上限を超える所得に対してより多くの保険料を負担して、高所得者の年金の所得比例効果を確保しようとしている。

スウェーデンでは公的年金改革により所得代替率が低下していくため、協約年金が老後の所得に占める比重は増すと予想されている。その協約年金でも新制度への切り替えが進められており、ゆくゆくは確定拠出型が主流になる。雇用主は決められた保険料を負担し、それを従業員が運用して老後の資産を作る仕組みであるため、結果として個人の責任が大きくなる。協約年金で公的年金の補完はするが、肩代わりまでする気はないという点で現実的である。（Anderson 2015, Finfa 2017, Afa）

第5章

スウェーデンにおける労働移動を通じた雇用維持システム

西村 純

本章のポイント

スウェーデンでは、競走力の向上、雇用の維持、人々の生活の平等の実現を同時に達成することが目指されてきた。その実現のために、政府や労働市場の当事者団体（使用者団体と労働組合）がさまざまな取り組みを実施してきた。一つの有名な取り組みが積極的労働市場政策である。これは経営が苦しくなった企業で発生する失業者を、経営状況が良好な企業にできるだけ早く再就職させることを目指す取り組みである。このように、スウェーデンでは日本と異なり、一つの企業で勤め続けるのではなく、複数の企業を渡り歩きながら雇用を維持していくことで、経済成長と雇用の維持を同時に実現しようとしてきた。その中で政府は失業者の支援を実施するべき重要な存在として位置づけられていた。しかしながら、その実現のために政府、使用者団体、労働組合が取り組んでいる諸活動については、曖昧な部分が多い。本章は再就職支援のために設けられている仕組み、およびその仕組みの下で政府、使用者団体、労働組合が果たしている役割について明らかにする。

1 労働移動を通じた雇用維持

本章の目的は、スウェーデンにおける労働移動を通じた雇用維持を実現するために構築されている仕組み、およびその仕組みの下での労使当事者が果たしている役割について明らかにすることである。[1] 現代社会が雇用社会である以上、失業が人々の生活に与える影響は決して小さくない。しかしながら、雇用を維持するという状態は何も一つの企業に留まり続けることでのみ実現されるものではない。一つの企業で整理解雇の憂き目にあっても、すぐに次の職場を見つけることができるのであれば、働く個人にとっては事実上雇用が維持されていると言えるであろう。

こうした企業を変えながら雇用を維持することを本章では労働移動を通じた雇用維持と呼んでいる。本章が対象とするスウェーデンは、失業対策の一環として、積極的労働市場政策に基づいた取り組みを実施してきたと言われている。積極的労働市場政策については後述するが、こうした労働市場政策を通じて、労働移動を通じた雇用維持に取り組んできた国だと言われている。しかしながら、そのような雇用維持の方法は果たして可能なのだろうか。少なくとも、実現を目指していかなる仕組みが設けられているのだろうか。実はこの点については、曖昧な部分が多く残されている。個人の生活にとって重要な雇用維持という事柄については今なおベールに包まれた状態にある。

加えて、各国の社会政策の展開において、雇用の維持の重要性が増している。一九八〇年代以降、先進諸国は、その程度の差はあるものの就労による福祉の実現に向けた取り組みを実施している（埋橋二〇一一）。アクティベーション施策におけるソフトおよびハードなワークフェアなど[2]、その具体的な方法に相違はあるものの、雇用政策において就労状態の維持を重視することは、共通した動きとなっている。事実、日本においても、就労状態を維持するための施策の実施が試みられている[3]。

このように、国の社会政策の展開においても雇用の維持は重要なテーマとなっている。もっとも、就労と福祉が対象とする範囲は広大であり、本章が対象とするのはそのごく一部である。本章では議論の進め方として次のような態度をとっている。一つは、企業における雇用から議論を開始していることである。二つは、労使が自主的に設けている仕組みやルールを起点に議論を展開していることである。労働（つまり、雇用をめぐる諸ルール）から出発し、福祉が対象とするような事柄（つまり、失業者支援）に向かって少しずつ接近していくという方向で、議論を進めている。そのため、社会保険制度や公的扶助と労働市場政策の関わりなど、福祉政策を考える場合、本来主たるテーマとなる事柄は、本章では一旦脇に置かれている。この点については他の章を参照されたい[4]。

さて、この労働移動を通じた雇用維持を実現するためには少なくとも二つの条件が必要となると思われる。一つは企業を変わっても賃金水準が大きくは下がらないようにすることであり、もう一つは失業期間を限りなく短期間にすることである。たとえば、世の中に働き先が数多くあったとしても、賃金が失業する前の水準より大きく減少するような場合、失業者は再就職を躊躇するであろう。労働移動を通じた雇用維持のためには、賃金決定と労働移動の仕組みをセットで整えることが必要となる。本章ではこれら二つの事柄を取り上げ、スウェーデンにおける労働移動を通じた雇用維持の現在地を提示する。

2 誰が主体的な役割を担うのか?

(1) スウェーデン・モデルと労使当事者

スウェーデンの社会・経済モデルは、スウェーデン・モデルとして紹介されてきた。スウェーデン・モデルに対する共通の理解はなく、いくつかの解釈が存在しているものの、[5] 端的に言えば、スウェーデン・モデルとは、「スウェーデンの特徴的な社会政策と経済政策の組み合わせを表した用語」(Visser 1996, p.176)のことを指している。このモデルは、経済成長、完全雇用、平等を同時に実現することを目指していた(Meidner1997)。スウェーデン・モデルは大きく三つの要素から成り立っている。その三つとは、連帯主義的賃金政策、積極的労働市場政策、抑制的経済政策である(宮本一九九四)。

それぞれの政策について端的に述べると、連帯主義的賃金政策とは、労働市場全体の賃金の標準化を目指す賃金政策であり、[6] 積極的労働市場政策とは、そうした賃金政策によって生じるであろう失業者を、公的サービスを中心とした職業訓練や職業紹介によって労働需要のある産業や職種に移動させていく労働市場政策のことを指している。そして、最後の抑制的経済政策とは、政府が低生産性セクターを延命させるために需要喚起的な政策を行わないことを意味している(宮本一九九四)。

政労使当事者は、これらの政策を実現すべく行動することが期待されていた。では、どのような役割や行動が期待されていたのであろうか。宮本は、この点についてある種の社会契約の存在を指摘している。具体的には、労使が自主的な賃金決定において、過度のインフレを引き起こさないよう努める代わりに、需要喚起的な政策を実施しない政府が、積極的労働市場政策を通じて労働者の雇用の維持に努める、というものである（宮本二〇〇一）。

宮本（二〇〇一）の指摘に基づけば、スウェーデン・モデルの下で労働者の賃金決定と雇用維持において期待されてきた政労使の役割は、次のようにまとめることができよう。まず、妥当な賃金水準の維持においては、その主たる役割を担うのは労使であった。労使による自主的な交渉による実現が期待されていたわけである。業種や企業規模によって賃金に大きな差が生じないよう賃金の標準化を進めることと、賃上げによって過度のインフレを発生させることがないように賃金の上昇をコントロールすることが労使には求められていた。

一方で、雇用維持については、その主たる役割を担うのは政府であった。政府は、職業紹介や職業訓練などによる労働移動を通じた雇用維持を推進する主体として位置づけられていたのである。このように、先行研究におけるスウェーデン・モデルの理解に従うと、賃金政策と労働市場政策の実施主体について、明確な役割分担が設けられていたと言える。

しかしながら、近年、実態は先に示した理解とは異なる可能性を示唆する指摘も見られる。OECD（2015）では、労使が運営する団体が失業者の支援を実施していることが指摘されている。また、Sweden（2016）においても、積極的労働市場政策は、労使の取り組みと連携しつつ展開されているという指摘がなされている。したがって、賃金決定のみに留まらず、積極的労働市場政策による雇用維持の実現においても労使が果たしている役割は小さくない可能性がある。もちろん先行研究において、労使当事者の積極的労働市場政策への関与は指摘されてきた。労使は、訓練プログラム作成への参加等を通じて公的部門が展開する労働市場サービスの利便性の向上に貢献してきた。[7]しかしながら、労使当事者が労働移動を通じた雇用維持の実現それ自体に対して果たしてきた役割についての言及はそれほど多くなされてこなかったと思われる。

労働移動を通じた雇用維持の取り組みにおいて、労使当事者はいかなる役割を果たしているのか。スウェーデンの雇用維持の方法や労働に関わる社会政策の理解を深めるためには、この点を明らかにする必要がある。

(2) 明らかにすべきこと

以上の議論を踏まえると、積極的労働市場政策として紹介されてきた労働移動を通じた雇用維持の実態を知るためには、次の二つの事柄を明らかにする必要があると思われる。

①いかなる仕組みの下で、労働移動を通じた雇用維持の実現に取り組んでいるのか。

②その取り組みにおける政労使の役割分担について。

「①いかなる仕組みの下で、労働移動を通じた雇用維持の実現に取り組んでいるのか」については、本章の冒頭で労働移動を通じた雇用維持に必要な条件として挙げた賃金決定と労働移動の仕組みおよびそこでの労使の役割に着目する。より具体的には、賃金決定の仕組みについては、産業別協約の賃金にかかわる規定を中心に確認する。労働移動の仕組みについては、まず、整理解雇時の人選の方法、およびそこでの労使の役割を確認する。そのうえで、整理解雇対象者の円滑な労働移動を実現するための仕組み、およびそこでの労使の役割について確認する。そして、①で明らかになったことを通じて、「②その取り組みにおける政労使の役割分担について」について考察する。

3 賃金決定のルール

かつて中央集権的労使関係と称されたことからも明らかなように、スウェーデンでは、企業横断的なレベルで団体交渉が行われている。[8] そこで決められた枠組みに基づき、個別企業内において、交渉が実施されている。たとえば、機械・金属産業では産業レベルと個別企業の二つのステージにおいて賃金交渉が実施されている。

産業レベルにおける賃金に関する規定には、大きく四つのパターンがある。その四つとは、「①産業別協約の規定が例外なく適用」、「②最低基準として適用（上回る分は良い）」、「③企業で合意できなければ、産業別協約の規定が適用」、「④産業別協約において規定無し」である。なお、民間ホワイトカラーの組合であるUnionenやブルーカラーの組合であるIF-Metall（機械・金属産業別組合）へのヒアリングによると、「③企業で合意できなければ、産業別協約の規定が適用」のケースにおいても、実際の企

表1　産業別協約における賃金規定（%）

	スウェーデン全体	民間部門
① 産業別協約の内容が例外なく適用	8	13
② 産別協約の規定は最低基準として適用	39	37
③ 企業で合意できなければ産業別協約の規定が適用	16	19
④ ②と③を組み合わせて適用	14	22
⑤ 規定なし	23	9
計	100	100

注：数値についてはMediation Officeが公表した2015年の数値を基に算出。
出所：Unionen作成資料を基に筆者作成（2016年11月実施調査）。

業での交渉において、産業別協約の内容を下回るような条件で労使が合意することはないという。したがって、「②最低基準として適用（上回る分は良い）」と「③企業で合意できなければ、産業別協約の規定が適用」については、運用においては同じこととなる。

どのルールが適用されるかは、同一企業においても組合によって異なっている。スウェーデンでは職種によって組織する組合が異なっている。ボルボやエリクソンなど代表的な民間製造企業が属するエンジニアリングセクターの企業を例にとると、ブルーカラーを組織している組合であるIF-Metallと主にホワイトカラーを組織している組合であるUnionenが、「③企業で合意できなければ、産業別協約の規定が適用」であり、ホワイトカラーのうち大卒のエンジニアを主に組織している組合であるSveriges Ingenjörerや、職長に代表される管理職を主に組織している組合であるLedarnaが、「④産業別協約においては規定無し」となっている。

表1は、協約の種類を数タイプに類型化し、その比率を示したものである。産業別協約の規定が例外なく適用されるの

は、スウェーデン全体で八%、民間部門においても一三%程度となっている。このことから、多くの企業において、労使の間で何らかの交渉が実施され、産業別協約の内容が変更されていることが分かる。

では、どの程度交渉の余地が、個別企業に対して開かれているのか。産業別協約の賃金に関する規定を見れば、この点が分かる。結論から言うと、ホワイトカラーの協約もブルーカラーの協約もその規定に大きな違いがあるわけではない。[9]そこで、本章ではブルーカラーに適用される産業別協約のうち、IF-Metallのエンジニアリングセクターのものを取り上げ、この点について確認しよう。大きく、最低賃金、賃上げ率、最低賃上げ保障の三つが定められている。まず、最低賃金は、極めて簡素な構成となっている。協約の文言は次のとおりである。

「一八歳に到達した労働者たちは、二〇〇七年の四月一日から、月例給を最低一万五四一〇スウェーデンクローナ(以下SEK—筆者)、二〇〇八年四月一日からは一万五九〇三SEK、二〇〇九年四月一日から一万六四七六SEK、受け取らなければならない。特別な技能の仕事(specially qualified work)については、最低月例給は、二〇〇七年四月一日から一万七〇二二SEK、二〇〇八年四月一日から一万七五六七SEK、二〇〇九年四月一日から一万八一九九SEKでなければならない」。

以上のように、「一八歳以上」と「特別な技能の仕事」の二つのみ設定されている。スウェーデンには法定最低賃金がないので、事実上これが当該業種における最低賃金となる。しかしながら、その水準は低く[10]、また、IF-Metallもその引き上げにそれほど熱心ではない[11]。彼らは、最低賃金の引き上げよりも、賃上げ率の水準を重視している。

次に、賃上げ率の文言を確認する。

「もしローカルレベルの双方の当事者の間で他の合意がなされなかった場合、当該事業所の労働者たちの月給の二・八％、二・五％、二・八％のウェイジプール（lönepott /Wage pool）が、二〇〇七年四月一日、二〇〇八年四月一日、二〇〇九年四月一日に、それぞれの事業所において、創出されなければならない。」

上記文言における「二・八％、二・五％、二・八％」が賃上げ率に関する規定である。なお、この文言は、**表1**で示した協約の類型で言うと、「③企業で合意できなければ、産業別協約の規定が適用」に該当する。つまり、この産業別協約は、企業が当該年度において実施すべき賃上げ率の下限を設定している。この水準は、企業規模や企業の業績に関わらず、協約が適用される全ての企業が守らなければならない最低水準となっている。このように、賃上げ率に関する厳しい賃金水準相場が設けられている。ただし、ここで留意しておかなければならないことは、企業横断的に設定されるこの相場は、あくまで事業所の労働者全体の平均賃上げ率であって、各労働者の実際の賃上げ率ではないことである。加えて、職種や職務に応じて詳細な賃率を設定しているわけでもない。

とはいえ、産業別協約の中には、最低賃上げ保障に関する規定もある。これは、個人が一年間で最低限享受しなければならない賃上げ額について定めたものである。しかしながら、この規定は、理由があれば産業別協約の規定を下回ってもよいとされており、先に紹介した賃上げ率に関する規定と比べると緩やかなものとなっている（西村二〇一四）。このことからも、産業別協約は、個人の分配まで踏み込んだ詳細な規定を設けているわけではないことが分かる。

このように、賃上げ率やその分配に関して、個別企業において労使が交渉できる余地は、思いのほか大きいのである。[12]この点については産業レベルの労使もそのように理解しており、かつ厳格な規定を設けないことで労使双方が合意している。IF-Metallもドイツに比べるとスウェーデンの産業別協約は賃金について詳細な規定を設けていないと認識している。組合活動は職場の組合員の近くで行うべきだという考えから、産業別協約で職場の交渉の余地を奪うような詳細な規定を設けないこととしている。経営者側も賃金決定における柔軟性を維持できる点において、厳格な規定となっていないことを評価している（西村二〇一七）。

さて、賃金決定の実際についてまとめておこう。産業別協約は、職種や職務ごとの詳細な賃率を設定しているわけではないことに示されるように、個人の具体的な賃金額について詳細な規定を設けているわけではない。実際の賃金は、個別企業内で展開される労使交渉によって、決まっていると言える。その意味では、ドイツというよりも、日本に近いと言えるかもしれない。[13]

とはいえ、産業レベルで決められる平均賃上げ率は、協約適用下の企業が遵守しなければならない絶対の基準として見なされており、その意味で、相場形成力は強いと言える。この点は、日本とは異なる点である。各企業は、個人の分配はともかく、事業所平均で見た場合、産業別協約が定める賃上げ率以上の賃上げを実施しなければならない決まりとなっている。

加えて、個別企業内での交渉当事者についても違いあがる。スウェーデンにおける労働側の交渉当事者は、大きく二つある。一つは、企業内の組合組織である「クラブ」である。しかしながら、大手企業には「クラブ」が組織されているが、小さな企業になるとそうした組合組織を持たない場合が多い。そのため、そうした中小零細企業の交渉を担当するアクターが、産業別組合内で用意されている。具体的には、産業別組合の地域支部[14]に所属する「交渉人」がその役割を担っている。このように、企業内において「クラブ」が組織されていれば「クラブ」が交渉を担当し、組織されていなければ地域支部の「交渉人」が交渉を担当する。この結果、規模の大小を問わず、似たような賃金交渉が展開されている(西村二〇一四、労働政策研究・研修機構二〇一五b)。

このように、賃上げ率に関する相場を形成しつつ、実際の賃金決定の主要なステージを個別企業に置くのは日本と似ているものの、その相場の厳格さ、および労働側の交渉当事者の充実において、スウェーデンと日本には違いがある。以上をまとめると、①企業横断的なレベルでの労使交渉を通じた平均賃上げ率に関する強固な相場形成と、その下で展開される②個別企業内における労使交渉によって、賃金の底上げが目指されてきたと言えよう。と同時に、分配に関する厳格な規定を設けないことで、企業が人事制度の設計と運用において一定の柔軟性を確保できるようになっている。スウェーデンなりの柔軟性と安定性との両立である。

4 整理解雇時の人選のルール

では、先に紹介したような賃上げに関する相場形成がある中で、経営状態が思わしくない企業において人を雇い続けることが困難になった場合、いかなる対応がとられるのであろうか。本節では、企業からの退出者の選定ルール、すなわち整理解雇時の人選のルールについて確認する。

現在スウェーデンでは雇用保護法において、人選について先任権規定が設けられている。[15] それに従うと、勤続年数の短い者から解雇の対象となり、仮に、呼び戻しが生じる場合、整理解雇の対象となった者の中から、勤続年数が長かった者順に声がかかることになっている。ただ、この規定は、労使が合意すればそのルールを逸脱しても良いことになっている。そのため、現場においてこのルールは、一定程度柔軟に運用されている。なお、この交渉に関する組合側の交渉当事者は、賃金決定の際と同じく、「クラブ」、もしくは地域支部の「交渉人」である。賃金決定の際と同じように、「交渉人」の存在は、企業規模に関わらず同じような交渉を企業内で展開することを可能にしている。

人選の手続きは、次の通りである。まず、自主退職者の募集が行われる。その際には、退職手当が付与される。自主退職者の募集に先駆けて労使の間で「ツールボックス」と呼ばれる予告期間や退職手当の内容をまとめた一覧表のようなものが作られる(**表2**)。これに基づいて、自主退職者に対して退職手当が支払われる。

表2　ツールボックスの一例

雇用期間（2013／3／1まで）	予告期間	退職手当（avgångsvederlag）
0〜2年未満	1ヶ月	4ヶ月
2〜4年未満	2ヶ月	5ヶ月
4〜6年未満	3ヶ月	6ヶ月
6〜8年未満	4ヶ月	8ヶ月
8〜10年未満	5ヶ月	10ヶ月
10年以上	6ヶ月	12ヶ月
10年以上かつ、55歳以上	6ヶ月＋6ヶ月	15ヶ月

注：退職手当の算定基礎は月給である。
出所：SA社の「クラブ」の代表より提供された資料より筆者作成（2013年9月実施調査）。

自発的な退職によって埋まらなかった場合、人選に関する交渉が開始される。まず、経営側が整理解雇リストを作成し、それを「クラブ」に、「クラブ」がない場合は地域支部の「交渉人」に提示する。「クラブ」がある場合もない場合もその後の手続きは同じなので、以下では「クラブ」がある場合の手続きについて述べる。

経営側から提出されたリストは先任権には基づかない、彼らの希望する人選リストとなっている。「クラブ」は、経営側からのリストを受け取ると、受け入れることができない人選について経営側に伝える。「クラブ」はこの決定に当たり、先任権順に作成された人選リストも参考にする。経営側は「クラブ」の回答を受けて新たなリストを作成し、新たなリストを「クラブ」に提出する。このやり取りを繰り返し、合意に至れば人選が確定する。なお、この交渉において「クラブ」が自ら人選リストを作成することはない。また、非組合員については交渉の対象とはならない。そのため、非組合員は、経営側が作成するリストに載った時点で自動的に整理解雇の対象者となるという。

先任権規定からの逸脱を経営側が求める場合、「当該作業は、この若者にしかできない」、といった類の主張がなされることが多いという。その際には、「クラブ」は、整理解雇の対象となっている先任権順位で行くと上位に位置づけられている年輩の労働者が本当に当該作業を遂行することが不可能なのかについて、確認することもある。本来保護されるべき勤続年数の長い者が当該作業を行うことができた場合、組合は経営側の提案には同意しない。このように、先任権規定からの逸脱は、「クラブ」の一定のチェックを経たうえで認められる。

以上のように整理解雇の人選は法律の規定によって自動的に決まるわけではない。企業内での労使交渉によって決められている。組合自身も、経営を維持するうえで残すべき人材は残さなければならないと考えており、柔軟に対応している。と同時に、経営側も組合との合意に努めている。というのも、組合と合意できなければ、人選に関する先任権規定を逸脱することができないからである。次のIF-Metallストックホルム地域支部の「交渉人」の発言がこの点について端的に述べている。

「（経営側の主張に対して―筆者）我々は、ダメだ、この組合員はとどまるべきだと言うこともあります。しかし、これだけは理解しておいてほしいのですが、もし、私が合意しないとしましょう。そうすれば、法律どおり、ラストインファーストアウトです。とても簡単なことです」。

このように、法律が定める先任権という人選に関する厳格な規定を基礎に、各企業において妥当な解決策を模索するための労使交渉が展開され、人選が行われている。

5 労使による自主的な再就職支援サービス

さて、これまでに紹介したような形で整理解雇の対象者が決定するわけであるが、では、彼らはいかなる支援を受けつつ新しい職場を見つけるのであろうか。スウェーデンには、公的機関である雇用仲介庁（Arbets Förmedlingen）の公共職業安定所以外に、労使当事者が提供する再就職支援サービスがある。

スウェーデンでは職種や雇用主に応じて再就職支援サービスを担う団体が設けられている。これらの団体は雇用保障協議会と呼ばれている。雇用保障協議会は、経営者団体と対応する労組の間で締結される「再就職支援協約（omställnings avtal）」に基づいて設立されている。最も古い再就職支援協約は一九七〇年代に締結されており、その後さまざまな職種において同様の協約が締結され、今日ではスウェーデンの労働市場の大部分がこの協約によってカバーされている（Walter, 2015）。

雇用保障協議会は二〇一五年時点で一三団体あり、約三〇〇〇万人の従業員をカバーしている。[16]カバーしている従業員の規模が大きい上位三つは、地方公務員を主な対象とした「移動基金（Omställningsfonden）」（約一一〇万人）、民間ブルーカラーを対象とした「TSL（Trygghetsfonden TSL）」（約九〇万人）、民間ホワイトカラーを対象とした「TRR（Trygghetsråder TRR）」（約九五万人）である。本章では民間ホワイトカラーを対象としたTRR（以下TRRシステム）と民間ブルーカラーを対象としたTSL（以下TSLシステム）を取り上げる。

(1) システムの概要

ＴＲＲシステムやＴＳＬシステムの主要な目的は、企業のスムーズな構造改革の実現と労働者の雇用維持の実現にある。このように、相反する事柄を同時に実現しようとするのがこれらの団体の目指すところとなっている。これらの団体が設立された背景には公的サービスが上手く機能していなかったという点がある。たとえば、ブルーカラーに比べるとホワイトカラーでは公共職業訓練の効果が低かった。このことは、ホワイトカラーが独自の再就職支援サービスを開始するきっかけの一つとなっている（Andreas & Bergström 2006）。また、一九九〇年代以降の公的部門における職業紹介サービス、職業訓練、失業時の所得保障などの失業者支援サービスは、それ以前と比べると縮小傾向にある。こうした動きは、民間ホワイトカラーに比べると公的サービスが再就職に有効に機能していた民間ブルーカラーにおいても、公的サービスの有効性の低下をもたらすこととなった。このことは、ＴＳＬ設立の背景の一つとなっているという。[17]

それぞれの組織の概要について簡単に説明すると、まず、いずれの組織も国レベルの労使団体が共同で所有している。労働者側の組織は、ホワイトカラーはＰＴＫ、ブルーカラーはＬＯとなっている。[18]経営側の組織はどちらもＳＮ（スウェーデン企業連盟）となっている。それぞれの労働者団体とＳＮが「再就職支援協約」を締結しており、その協約に基づいて、就職支援を実施する組織が設立されている。ＴＲＲは、一九七四年に設立された組織であり、約九五万人の労働者と約三万五〇〇〇の企業をカバーしている。一方、ＴＳＬは、二〇〇四年に設立された組織であり、約九〇万の労働者と約一〇万の企業をカバーしている。

表3　サービスの概要

	TRR	TSL
サービス利用条件①（企業）	労働協約の適用下にある企業	労働協約の適用下にある企業
サービス利用条件②（労働者）	①の条件を満たした企業で1年間以上継続勤務した無期契約社員	①の条件を満たした企業で1年間以上継続勤務した無期契約社員
サービス提供期間	雇用の終了後から2年	雇用の終了後から1年
サービス提供主体	TRR	登録している外部のサプライヤー
主なサービス	・コーチング／カウンセリング ・職業訓練の提供	・コーチング／カウンセリング ・職業訓練の提供

出所：TRRおよびTSLの提供資料を基に筆者作成。

次に、その運営資金は労働組合と労働協約を締結している企業によって賄われている。スウェーデンでは上記に該当する企業は二パターンある。一つは経営者団体であるSNに加盟している企業であり、もう一つはSNに加盟していないが産業別組合と個別に「ローカルの協約（Häng Avtal）」を締結している企業である。各企業が拠出する金額は、「自社の労働者に支払う賃金総額×労働協約によって定められた掛け率」となっている。この掛け率は、SNに加盟している企業と未加盟の企業で異なっている。SNに加盟している企業の方が、掛け率が低くなる。したがって、同じ賃金支払い総額であれば、経営者団体に加盟している企業の方が、未加盟企業よりも負担額は小さくなる。また、この掛け率は労使交渉によって改定することが可能となっている。

二つのサービスの概要についてまとめたものが**表3**である。サービスの提供期間やサービスを提供する実施主体において、両者には違いがある。サービスの利用条件、サービス提供期間、サービス提供主体、サービスの内容について簡単に紹介していこう。

サービス利用条件（企業／労働者）

このサービスを利用するうえで、企業と労働者双方に一定の条件が課せられている。まず、企業側については、組合と労働協約を締結している企業のみが利用できるサービスとなっている。具体的には、産業別協約を締結している経営者団体に加盟している企業、もしくは、経営者団体には加盟していないが、産業別組合と直接「ローカルの協約」を締結している企業がサービスを利用できる。

次に、労働者側については、無期雇用のみが対象となっている。有期雇用は対象とならない。加えて、サービスの利用条件を満たしている企業に一年以上継続して勤めている必要がある。無期雇用であっても勤続期間が一年に満たない場合、基本的にはサービスを利用することはできない[19]。

サービス提供期間

サービスの提供期間は、TRRが雇用の終了から二年間、TSLが雇用の終了から一年間となっている。このようにサービス提供期間は民間ホワイトカラー向けのサービスであるTRRの方が長い。

二つのサービスに共通する特徴として、TRRもTSLも整理解雇の予告期間中からサービスを提供することが可能となっていることが挙げられる。一方、雇用仲介庁（以下AF）の公共職業安定所は、雇用契約が終了し失業者となった時点からサービスの提供が開始される。このように、労使の自主的な再就職支援サービスは、公的サービスに比べて、より早期から再就職支援サービスを提供すること

図1　再就職支援サービスの提供主体

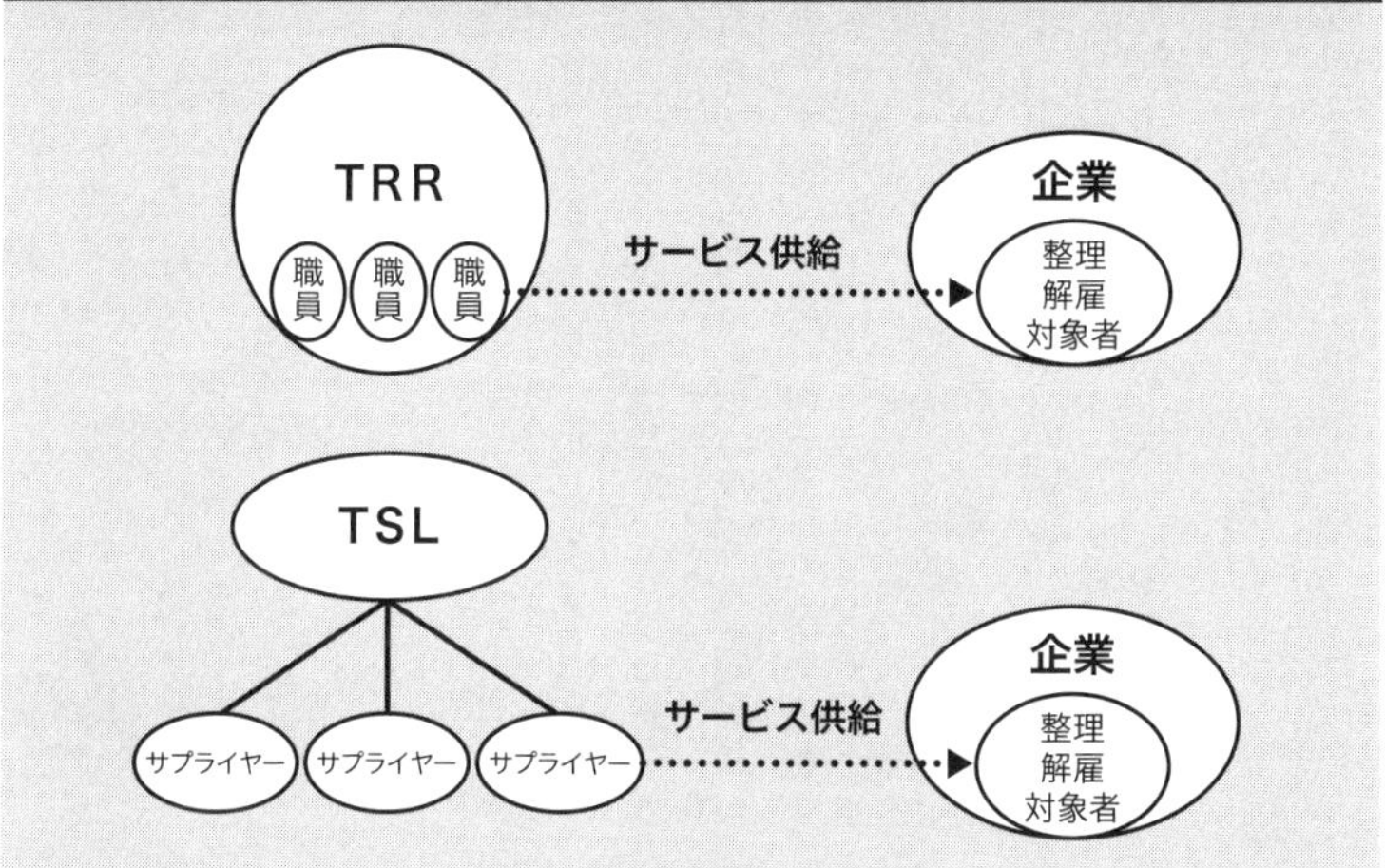

出所：西村（2017）、TRRへのヒアリングに基づき筆者作成（2016年12月実施調査）。

が可能となっている。もっとも、TSLは予告期間中からサービスを提供することは難しいという。ブルーカラーの場合、予告期間中も現場で作業に従事することが多いため、予告期間中に再就職活動を開始することがオフィスで働くホワイトカラーに比べると難しくなっている。一方、ホワイトカラーの場合、予告期間中は自宅待機となる場合が多い。そのため、TRRは整理解雇対象者に対して彼らの雇用が維持されている時期から再就職に向けたサービスを提供することができるという。

サービスの提供主体と内容

両システムでは再就職支援活動を実際に行う主体が異なっている（**図1**）。TRRは自らが雇用した職員がアドバイザーとして利用者（クライアント）の支援を行う。人事部門の管理職経験者や個人事業主だった者が、アドバイザーとして雇われている。一方TSLは、そうした支援業務については、自組織の職員ではなく、民間の人材サービス会社などの外部機関（サプライヤー）に委託している。TSLは、事業運営に必要な資金の管理、および実際に再就職支援サービスを提供するサプライヤーの管理を行っている。TSL代表の言葉を借りれば「（TSLを―筆者）あまり重い組織にしないため」にこのような方法を採用している。

主に提供しているサービスはどちらのシステムも似たようなものとなっている。サービスを利用する整理解雇対象者（クライアント）に対して提供される主なサービスは、コーチング、カウンセリング、職業訓練の提供である。TSLは基本的には外部の訓練プロバイダーからプログラムを購入している。TRRは外部の訓練プロバイダーと自前で用意したプログラムを併用している。もっとも、TRRが自前で用意しているプログラムは、自己PRの方法や面接での対応方法など就職活動を円滑に進めるために必要なスキルを身につけるためのものが中心となる。自前プログラムの講師は、TRRが雇っているアドバイザーが努めている。

(2) 労働移動までの流れ

では、実際にどのような流れで失業者（予告期間中の者も含む）は次の職場を見つけていくのか。まず、TRRシステムを確認し、その後、TSLシステムを確認する。

サービス利用の選択（TRR）

まず、整理解雇対象者（予告期間も含む）は、TRRを利用するかどうかを決める。ここで利用を希望するとＴＲＲのクライアントとなる。クライアントは、次に、①雇用労働者として再就職先を探すか、それとも②自営業者として起業する道を選ぶかのいずれかのコースを選択する。選択するコースが決まると、担当アドバイザーが決まる。これ以降、クライアントは、アドバイザーと共に再就職（もしくは起業）に向けた活動を開始する。アドバイザーは、クライアントの相談に乗ったり、クライアントが希望するキャリアの実現に必要なアドバイスを行ったりする。また、クライアントのモチベーションが低下しないよう、面接で落ちてばかりのクライアントを励ましたりすることも、アドバイザーの重要な仕事の一つであるという。

なお、担当のクライアントは変更することが可能となっている。クライアントの希望で変更される場合もあれば、アドバイザーの判断で変更される場合もある。たとえば、アドバイザーＡが、自身が担当するクライアントは面接の時の自己ＰＲが苦手だと感じた際に、自己ＰＲ力を伸ばすことに長けているアドバイザーＢに自分のクライアントを引き渡したりする。このような具合で、クライアントにとって最適なアドバイザーをつけるための工夫が行われている。

再就職先を見つける方法（ＴＲＲ）

まず、利用結果についてＴＲＲ提供資料より確認すると[20]、二年以内で八割程度のクライアントが新たな職を見つけている。自営業者としての起業も含めると九割弱に上る。自営業者を選択した者のうち、八割が三年後も同じビジネスを継続している。三年後に事業継続を断念した者は、〇・三％程度となっている。また、自営業者となった者の九割が自営業者としての生活に幸せを感じている。なお、自営業者となったクライアントの七割が、労働者時代に従事していた分野で仕事を行っている。この他、進学を選択する者が四％程度いる。この結果から推察すると、ＴＲＲサービス終了後もＡＦが展開する公共職業安定所を利用して再就職活動を継続する者は数パーセント程度ということになる。以上より、ＴＲＲの利用者は、公的サービスを利用することなく、次の職場を見つけていると言える。

では、どのような方法で次の職場を見つけているのか。その方法はさまざまであるが、主要な方法としては、①個人の持つネットワーク、②インターネットやリンクドインなどのソーシャルメディアの活用が挙げられるという。職を見つけたクライアントの八割程度がこれらの二つの方法によって再就職先を見つけている。アドバイザーがマッチングを行う場合もあるが、それは稀なケースであり、基本的にはクライアント自身が新たな職場を見つけている。

ＴＲＲが提供する支援として、大きく①ホームページ上での求人企業の掲載、②アドバイザーによる合同就職説明会の開催、③クライアント間での情報交換の場の提供、④職業訓練サービスの提供がある。クライアント間での情報交換の場の提供については、クライアントが就職活動中に感じる孤独感を和らげるために、クライアントが集まって気楽に話せるスペースをＴＲＲのオフィス内に設けている。

また、ＴＲＲは、クライアントに対して職業訓練サービスを提供している。職業訓練は、ＴＲＲが独自で作っているプログラムと外部の訓練プロバイダーから購入しているプログラムがある。独自で作っているプログラムは面接の際の上手な自己アピールの方法や良いＣＶの書き方など、再就職活動を行ううえでの基礎的なスキルを向上させるようなプログラムが用意されている。このプログラムの講師は、アドバイザーなどTRRの職員である。その他、外部の訓練プロバイダーから購入しているプログラムに参加することもできる。クライアントが参加したいプログラムを自ら探して担当アドバイザーに伝えることもあれば、担当アドバイザーがクライアントの希望するキャリアに必要だと思われるプログラムを紹介することもある。

以上より、TRRが主に行っているサービス内容は、クライアントと求人企業のマッチングというよりは、クライアントが求職活動を行いやすくするため環境の整備と再就職に必要なスキルを身につけるための支援にあると言えよう。

サービス利用の選択（TSL）

TSLシステムは再就職支援サービスの提供を外注化している。そのため、サービスの流れが若干TRRとは異なっている。流れを簡単に示すと次の通りとなる。まず、①整理解雇を実施した企業を担当するサプライヤー（以下SP）が決められる。担当するSPは一つと決まっている。複数のSPが同じ案件を担当することはない。次に、②整理解雇の対象者のうちTSL利用資格のある者を対象に、サービス利用についての希望が確認され、TSLシステムの利用者が確定する。縁故で次の職場が見つかりかけている者や、独立に向けて動き始めている者もおり、そのような者達は、サービスの利用を選択しないという。

そして、③サービスの利用を希望した者は、SPのクライアントとなる。SPにはクライアント一人当たりに対してTSLからお金が支払われる。このお金が、SPがサービスを展開するうえでの運営資金となる。たとえば一〇人のクライアントがいる案件を担当する場合、「一人当たりの金額×一〇人」の金額がSPに支払われることになる。後述するようにTSLシステムは二〇一七年に改革が行われたのであるが、その際に一人当たりの金額も変更されている。以前は二万二〇〇〇SEKであったが、改革後は一万七〇〇〇SEKとなった。

SPに所属するアドバイザーがクライアントに対して再就職に向けたサービスを提供する。SPのアドバイザーが行うのは、TRRのアドバイザーと同様に、主にコーチングである。クライアントと求人企業をダイレクトに結びつけることは、それほど多くはないという。SPの大手の一つであるSPAは、案件ごとに担当者を任命し、その担当者が責任を持ってクライアントの面倒を見ていく方法を取っている[21]。

アドバイザーは、まず、クライアントの持っているスキルや経験などを確認する。それを基に、どういった職業に就くことが可能なのか等を判断する。クライアントは、自分の持っているスキルや労働市場での自身の価値を正確に把握できていない場合が多いという。また、「会社を立ち上げたい」など現実的に物事を考えていない者もいる。そうしたクライアントに対して、現時点の労働市場における彼らの正確な価値を伝え、より現実的な視点で再就職先を探すように促すことは、SPの大切な役割となっている。クライアント本人に希望する職がある場合、SPのアドバイザーは、それに必要な教育等を判断し、受けるべき教育を本人に提案する。

新たな職場を探す中で、TRRと同様にクライアントは、外部の訓練プロバイダーが提供している訓練プログラムに参加することができる。担当するSPが必要だと思えば、TSLに訓練受講の申請を行い、TSLが認めればクライアントは訓練プログラムを受講することができる。その後、④SPのサービス提供期間中に次の職場を見つけることができなかったクライアントは、AFの公共職業安定所や労働市場プログラムなどへの参加を通じて、再就職を目指すことになる。

TSL改革

ところで、TSLシステムは、二〇一七年に改革が行われた。変更された主要な点は、①サービスを提供するSPの絞込み、②SP選択手続きの変更、③SPに支払う報酬の減額、④TSLによる職業訓練プログラムの提供の開始である。二〇一七年より前の旧制度では、SPは百数十社に上り、その中から整理解雇を実施した企業もしくはその企業を組織している組合が案件を担当するSPを選んでいた。また、TSL自身による職業訓練プログラムの購入と提供は実施されていなかった。TSLは、できるだけ軽い組織でサービスを提供することが目指されていたため、再就職支援活動そのものに対して関与してこなかったのである。[22]

多数のSPの存在は、SP間の競争を促し一部のSPのクオリティーを高めることに繋がった面もあった一方で、SPによって提供されるサービスの質にバラツキを生じさせる事態を発生させた。また、SPの選択を労使に任せたことは、サービスの質が極端に悪いSPのシステムからの排除を促した一方で、案件をとるためのSPによる行き過ぎた労使への営業活動に繋がり、SP間のオープンで自由な競争を阻害する事態を生じさせた。旧制度のシステムには一長一短あったが、TSLはサービスを提供できるSPを絞り込み、案件を担当するSPの決定権をTSLに移す決断を下した。[23] 自由な参入を通じた競争によるシステムの質の維持・向上から、[24] TSLの管理の強化を通じた提供されるサービスの質の標準化によるシステムの質の維持・向上に方針を切り替えたわけである。改革の結果、サービスを提供するSPの数は、三四となった。

それと同時に、SPに支払う報酬額も従前の二万二〇〇〇SEKから一万七〇〇〇SEKに減額されることになった。TSLがSPを絞り込む際には、この減額を受け入れるかどうかも条件となっていた。そして、この減額分で浮いた資金を使って、TSLが、外部の訓練プロバイダーが提供する訓練プログラムを購入することができるようにしたのである。以上のような改革を経て、現在のTSLシステムは運営されている。一連の変更を経た後でも変わっていないのは、再就職支援サービスの外注化である。数は減ったが、実際に再就職に向けてクライアントの支援を担当するのは、TSLではなく、TSLに登録しているSPである。このように、組織を重たくしないという方針は、TSLシステム開始後から一貫して維持されている。

再就職先を見つける方法（TSL）

二〇一四年九月から二〇一五年の八月の一年間のクライアントのうち、七割弱から八割程度がTSLシステムを活用して次の職を見つけている。再就職先が見つからなかった者のうち、サービス提供後に、求職中、もしくは労働市場プログラムに参加した者は、六％程度から一四％程度となっている。このように、クライアントの大部分は、TSLシステムによって次の職場に移動している（西村二〇一七）。

こうした結果をもたらす過程でクライアントに対してどのようなサービスが提供されているのか。SPが提供するサービスのなかで重要なものとして、クライアントのスキルの棚卸とマッチングの場の提供がある。SPの大手であるSPAやSPBへのヒアリングによると[25]、SPが企業とクライアントを直接結びつけることもあるものの、それは主たる方法ではないという。合同の面接会のようなものを開催するなど、企業とクライアントのマッチングの場を設けることが、主たる方法となっている。

そのため、合同の面接会により多くの求人企業を集めることが重要になる。SPAでは、主な方法として次の二つを挙げている。その二つとは、①これまでに案件を担当したことがある企業への声掛けと②産業別組合の地域支部からの情報提供である。たとえば、SPAの場合、これまでの活動のなかで案件を担当したことがある企業に対して、「今度、こういう企業でこうこういう人材が整理解雇される(た)んだけれども、興味ある?」といった具合で電話をかけ、合同面接会への参加を呼びかけている。加えて、産業別組合の地域支部も重要な情報源となっている。地域支部は、団体交渉や職場の安全衛生に関する視察などで、地域にある多くの企業に訪問している。その過程で企業の人材ニーズに関する情報を得ていることが多いという。そこで、SPAは組合の地域支部に人を雇いたいと考えている企業を教えてもらい、その企業に対して合同面接会への参加を呼びかけたりもする。その他、新聞広告に求人広告を出している企業への営業も行っている。

このように、SPは、就職に結びつく可能性の高い企業を探し出し、クライアントがより早期に次の職場に移っていくための手助けを行っている。機械・金属産業における大手製造企業SK社の「クラブ」によると、優良SPの情報収集能力は高く、SK社で整理解雇を実施した際には、約一〇〇人のクライアントに対して、五〇〇程度の仕事がオファーされたという。一方で、SPAによると、SK社のような大手の案件の場合、クライアント（整理解雇対象者）は引く手あまたであり、再就職先を見つけやすいという。SPの実績を高めていくためには、そうした再就職に結びつきやすい案件を一定数以上確保していくことが重要だという。

6 移動後の状況

前節では移動の方法について確認した。では、雇用保障協議会を利用したクライアントはどのような職場に移動しているのだろうか。本節ではこの点について、再就職までの期間、移動先、労働条件を取り上げる。前節と同様に、TRRシステム、TSLシステムの順で確認する。

(1) TRRシステム

期間[26]

職を見つけるまでの期間であるが、おおむね六から七ヶ月で新たな職を見つけているという。中には予告期間中に次の職場を見つける者もいる。この場合、事実上失業せずに移動していることになる。とはいえ、五〇歳以上や健康に難を抱えている者は、次の職を見つけるまでの期間が、そうではない者に比べると、長くなる傾向にあるという。

移動先での状況

移動先の特徴について見てみると、クライアントの多くが民間セクターで再就職先を見つけている。セクター別の状況を見てみると、サービスセクター、流通・販売セクター（Trade and Sales Sector）、ＩＴセクターが上位の移動先となっている。再就職先を見つけたクライアントのうち、移動先が公共セクターだった者は一割強である。また、再就職先の雇用形態を見てみると六八％が無期雇用として採用されている。

移動先の処遇について、前職と比べた時のポジションや賃金について確認すると[27]、まず、九割のクライアントが前職と同様のポジションか高いポジション（more qualified）の職を見つけている。また、賃金についてみると、六五％のクライアントが前職と同じ、もしくは上昇している。この点から、職を見つけるために大幅に条件を譲歩している者は、それほど多くないことが窺える。

(2) ＴＳＬシステム

期間[28]

ＴＳＬ(2016)によると、九〇日以内に三割弱のクライアントが、一八〇日以内に五割程度のクライアントが、そして、一年以内に八割程度のクライアントが、次の職場を見つけている。ただし、前職で所属していた産業で再就職までの期間はやや異なっている。この点について、産業別組合ごとの状況を見てみると、たとえば、IF-Metallでは八割弱が一年以内に次の職場に移っている一方で、製紙産業組合では一年以内に次の職場に移っている者は三割弱に留まっている（TSL 2016）。

移動先での状況

クライアントの七割強が民間企業において新たな職場を見つけている。一割強は公共セクターに就職している。なお、再就職時の雇用形態であるが、無期雇用の者は三割強となっている（TSL 2014b）。TRRと比べると無期雇用の職に移動することが困難なようである。なお、クライントの三年後の状況を確認したTSL（2014a）によると、有期雇用で再就職した者の五三％が三年後に無期雇用となっている。同じ職場で無期雇用に転換したのかは不明であるが、一定数の者は有期雇用から無期雇用に移っていることが窺える。

移動先の処遇について確認すると、前職に比べて、賃金が同等、もしくは高くなった者は五九％となっている。転職先のポジションは、前職よりもレベルの高い仕事（より高い知識や技術を要する職（More Qualified））に就けた者は二四％、同等のレベルは五一・五％、低いレベルは一七％となっている。[29] この点から、処遇が下がっている者が一定数いる一方で、多くのクライアントが前職と同じもしくは高いレベルの仕事に就けている傾向を読み取ることができる。

7 雇用保障協議会と雇用仲介庁

予告期間を経て整理解雇となったクライアントは、雇用仲介庁（AF）が提供するサービスを利用することもできる。AFは、失業者に対するアドバイスや、求人企業企業と求職者のマッチングサービスを提供している機関である。したがって、制度上は労使が展開する雇用保障協議会と公的サービスであるAFの双方を利用することが可能となる。

ただし、実際にはTRRやTSLのサービス利用者が整理解雇の予告期間を終えてAFの公共職業安定所を訪れた際には、公共職業安定所は、まずはTSLやTRRを利用する方向でアドバイスするという。[30] AFの主要なターゲットは、長期失業者、障がい者、移民などより立場が弱い失業者であり、彼らを労働市場に参入／復帰させることに取り組んでいる。さらに、二〇一九年に入り、AF自体に与えられる予算や人員数は縮小の方向で進められており、ターゲットを絞った効率的な支援体制の確立が求められているという。

この点にかかわりTSLシステムのサプライヤーであるSPAやSPBへのヒアリングによると、TSLシステムの下でサービスを提供するサプライヤーとAFの公共職業安定所が、共同で何かに取り組んでいるわけではないようである。[31] このように、TRRやTSLとAFの間で、ターゲットとなる失業者の棲み分けが進められている。

8 雇用維持の仕組みと政労使の役割

(1) 事実発見

以上、スウェーデンにおける労働移動を通じた雇用維持の仕組みについて、①労働市場における労働力の価格（賃金）を妥当な水準に維持し続けるための仕組みと、②労働市場において効率的な移動を促進させるための仕組みの二つに注目して議論を進めてきた。明らかになったことをまとめると次のようになる。

第一に、労働力の価格（賃金）の維持・向上にかかわり、スウェーデンでは産業別協約によって、厳格な賃上げ相場が設定されている。これは、企業規模や企業の経営状況にかかわらず、協約が適用される全ての企業が守らなければならない水準として設定されている。

とはいえ、第二に、産業別協約は、個人への分配に対しては特に厳格な規定は設けていない。たとえば、職種や職務ごとに具体的な賃率が産業別協約において設けられているわけではない。実際の賃金額は、個別企業内における労使交渉によって決められている。そして、賃金決定の主要なステージを個別企業内に置くことについては、労使も合意している。組合も労働運動の展開において、この形が望ましいと考えている。

そのような賃金決定の下、第三に、企業内での雇用維持にかかわる事柄について、組合は交渉当事者として積極的に関与していた。経済的な理由による整理解雇の対象者は、法律の先任権規定に沿って自動的に決まっているわけではない。

第四に、労働移動を通じた雇用維持についても、労使による自主的な取り組みが実施されている。民間ブルーカラー、民間ホワイトカラー、地方公務員などそれぞれのグループで独自の団体（雇用保障協議会）が設立されており、各団体がサービスを提供している。このように、労働者は、失業後、即座に公的サービスの下で次の職を探しているけではない。

加えて、第五に、民間ホワイトカラーを対象としたTRRシステムや民間ブルーカラーを対象としたTSLシステムを見てみると、その利用者のうち、サービス提供終了後に労働市場プログラムや公共職業安定所を利用している者はごく僅かとなっている。このことから、経済的理由による整理解雇の対象となった者の多くは、労使が提供する独自の取り組みによって次の職場に移っていると言える。

第六に、その際、賃金については、現状維持、もしくは、上昇が六割程度となっている。こうした賃金の減少を抑えつつ規模間移動が可能となっている背景には、先の賃金決定における厳格な賃上げ相場形成による安定的な賃金上昇が、寄与している面があると思われる。

第七に、公的サービスである雇用仲介庁（AF）は、TRRやTSLの対象となるような失業者については、TRRやTSLが対処すべきであると考えている。AFのターゲットは、長期失業者、障がい者、移民などより立場が弱い失業者となっている。このように、公私の間で、ターゲットとする失業者の棲み分けが進んでいる。

(2) 労働移動を通じた雇用維持における労使の役割

さて、以上の事実発見を基に、本章第2節で提示した二つの明らかにすべき事柄について考えてみよう。まず、「①いかなる仕組みの下で、労働移動を通じた雇用維持の実現に取り組んでいるのか」については、整理解雇の対象となった労働者は、公的部門のサービスのみを受けて次の職場を探すわけではないことが明らかとなった。公的サービスに入る前段階として、労使が自主的に提供するサービスを受けている。そして、そのサービスによって職を見つけることができなかった労働者が、公的サービスを受けつつ職探しを行っているという流れとなっていた。このように、(ア)労使当事者によって展開される独自の再就職支援サービス、(イ)公的サービスという順で、労働者の雇用維持に向けた取り組みがなされている。

次に、「②その取り組みにおける政労使の役割分担」は、労働移動に関わる事柄についても、労使は主体的な当事者としての機能を果たしていることが明らかとなった。経済的理由による整理解雇の人選にかかわる交渉に加えて、労働移動それ自体についても労使自らで資金を拠出して団体を作り、労働者の労働移動を通じた雇用維持のためのシステムを構築していた。労使は、労働市場における賃金決定のみではなく、労働移動に関わる事柄にも関与している。積極的労働市場政策の実施主体として、これまでの研究で紹介されてきたスウェーデン・モデルが想定する以上の役割を担っていると言えよう。

(3) 含意

本章の最後に、ここまでの議論を踏まえて、本書全体のテーマの一つである労使関係とセーフティーネットに関わる含意を述べておきたい。まず、労使関係システムについて。周知の通り、スウェーデンでは、産業レベルと個別企業からなる労使関係が形成されている。産業別協約があり、それが定めるルールの下で、個別企業において労働条件等のワークルールが決められている。そして、スウェーデンでは、そのルール形成は、主に労使の自主的な交渉によって行われるべきだとされている。法的な拡張適用制度があるわけでもなければ(労働政策研究・研修機構二〇〇五)、法定最低賃金があるわけでもない。したがって、ルールの形成とその維持、向上、そして拡散は、組合の交渉力に寄っている部分が大きいと言える。

この点において本章で明らかになったことは、組合は、労働条件について積極的に発言するだけではなく、労働市場における労働力の供給にかかわる事柄についても関与していることである。ここで重要なことは、失業時の所得保障に加えて、組合は雇用保障協議会の設立を通じて、労働移動そのものにも関与していることである。安定的な労使関係の構築のためには、労使双方が一定の交渉力を維持する必要がある。その際、失業率を妥当な水準で維持することは、労働組合の交渉力を維持するうえで重要な要素である。

この点にかかわる組合の関与として従来指摘されてきたことは、ゲント制を通じた失業時の所得保障への関与である。本章で明らかになったことは、組合は労働移動それ自体についても影響を及ぼしていることである。事実、雇用保障協議会を通じた失業者の早期の救済は、労働組合の交渉力の維持に寄与している部分があるという。[32] 失業率のコントロールに対して組合が失業時の所得保障と早期の労働移動の双方において、一定の関与を果たしていることは、スウェーデンの労使関係システムを考えるうえで見逃してはならないことである。

次に、セーフティーネットのあり方について。**図2**は、スウェーデンにおけるセーフティーネットの階層のイメージを示したものである。なお、冒頭で指摘したように、本章では重要なセーフティーネットである公的扶助について扱うことができていない。図の第二層目の下には第三層目のセーフティーネットである公的扶助が存在しているわけであるが、本章の対象外であるため、図では割愛して

図2　スウェーデンにおけるセーフティーネットの階層

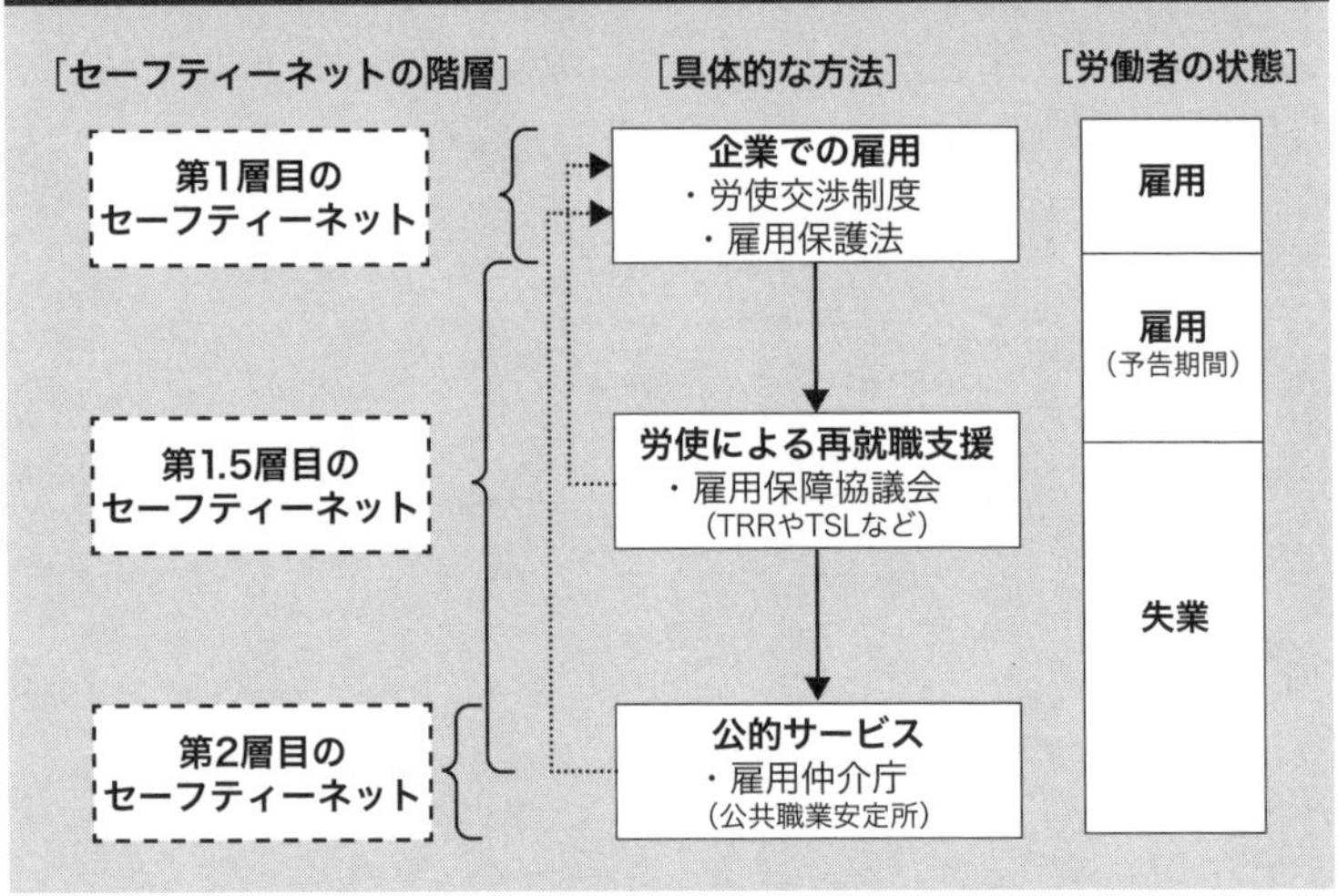

いる。

企業による雇用を第一層目のセーフティーネット、そして、公的サービスによる労働市場政策を第二層目のセーフティーネットとすると、本章で取り上げたTSLやTRRなどの雇用保障協議会は、第一・五層目のセーフティーネットと言える。本章が示した通り、この一・五層目のセーフティーネットは、失業者（その対象者も含む）をより早期に雇用（第一層目）に戻すことに寄与している。

以上の構造を念頭に置くと、第一層目の雇用に戻すための方法は、一・五層目と二層目の二つの方法があることになる。このように、企業による雇用（第一層）と公的サービスによる再就職支援（第二層）の間には、労使当事者による自主的な取り組み（第一・五層）が存在している。そして、制度上第一・五層目のセーフティーネットと第二層目のセーフティーネットには、重なり合っている部分がある。つまり、整理解雇の対象となった労働者は、ある時点で、労使の自主的な労働移動サービスと公的サービスの双方によるサービスを享受する権利を有することになる。福祉サービスの汽水域と言えよう。そして、この公私双方のサービスを受ける権利を有する汽水域を経た後、公的サービスを中心とした支援が実施されていくことになる。

さて、当該国の福祉政策の特徴を考えるうえで、このいわゆる福祉サービスの汽水域での公と私の関係性が一つのポイントであるように思われる。たとえば、民間のサービスを受け続けるのか、それとも、両者が協同してサービス提供を行うのか等、いくつかのパターンに分かれることが想定される。本章の内容より分かったことは、スウェーデンでは経済的理由による整理解雇によって失業した者については、基本的には雇用保障協議会（私）が面倒をみることになっている。一方、障がい者や移民など労働市場における弱者は、雇用仲介庁（公）が面倒をみることになっている。

このことから、公と私が同時期に同じ対象者に対して支援することは制度上認められているものの、実際には公と私の間にはそれぞれの役割分担に対する共通理解が存在していることが窺える。この点は、失業者の属性や失業理由によって、支援主体の棲み分けが進んでいることを示唆している。いずれにせよ、スウェーデンに限らず、一国の社会政策を明らかにするためには、単に公か私かという二者択一的な視点ではなく、公と私の汽水域における特徴（失業者の属性や失業理由ごとの支援主体など）の解明に努める必要があると思われる。この点は、今後に残された課題である。

［注］

1 本章の内容は、労働政策研究・研修機構のプロジェクト研究「現代先進諸国の労働協約システム（独・仏・スウェーデン）」で実施した調査で得られた知見が基となっている。

2 アクティベーションの簡潔な解説としては宮本（二〇〇九）が参考になる。アクティベーション施策を類型化したものとしては福原・中村編著（二〇一二）や中村（二〇一二）が参考になる。

3 この点についての展開を簡潔にまとめたものとして、久本（二〇一五）。たとえば、有名なジョブ・カードなどの取り組みに加えて、二〇一四年に開始された労働移動支援助成金制度は、この動きを示している取り組みだと思われる。

4 本書第四章を参照されたい。

5 いくつか例をあげてみると、①市場経済でも計画経済でもない第三の道として、②政労使の三者が行為者として協力し合うコーポラティズムとして、③高度の社会保障を行っている福祉国家として、さらには④ボルボのカルマル工場やウッデバラ工場で行われている生産システムを指す場合もある（Meidner1997、カール・レ・グランド&クリストファー・ラ・エドリン一九九六）。

6 当初は、業種や企業規模の違いによらない産業横断的な同一労働同一賃金の実現を目指していたが、困難に直面した。その後、賃金の標準化へとその運動の方向が転換されていく。この点については、Rehn&Viklund（1990）や宮本（一九九九）が詳しい。また、この運動は、一九八〇年代に入り、「良い労働政策」、すなわち、企業内でのキャリアラダーの形成とその技能の向上に合わせた賃金上昇の実現という運動に変化していく。「良い労働政策」については、田村（二〇〇三）や猿田（二〇〇三）で紹介されている。

7 活動内容を紹介したものとしては、日本労働研究機構（一九九七）、CEDEFOP（1999）、駒村（一九九九）等がある。

8 スウェーデンの賃金交渉については Olsson（1991）、稲上・ウィッタカー（一九九四）、篠田編著（二〇〇一）が詳しい。

9 ホワイトカラーの協約の内容については西村（二〇一七）を参照されたい。

10 IF-Metall中央本部交渉部によると、その水準で雇われている組合員は、一％程度だという（二〇一三年九月実施調査）。

11 次のIF-Metallの副委員長(二〇一三年当時)の発言から分かるように、二つの区分け自体も意味がないものとなっている。「あまり、それ(月給の最低賃金におけるspecially qualified work—筆者)にこだわる必要はない。というのも、ほとんど全ての労働者が、既に最低賃金以上の賃金を得てしまっているので、その区分け自体が意味のないものとなってしまっている」(二〇一三年九月実施調査)。このことからも、IF-Metallが最低賃金を通じた賃金水準の底上げに大きな関心を示しているわけではないことが窺える。

12 企業が賃金決定の主要なステージであることは、過去も今も変っていない。たとえば、ムーリーは、かつて最も中央集権的だと言われていた時代の労使関係においても、賃金決定については自由放任であったと指摘する(ムーリー一九六七)。

13 ドイツの協約システムについては、労働政策研究・研修機構(二〇一三、二〇一五a)を参照。

14 地域支部(regional branch)とは、スウェーデンを五二の地区に分け、それぞれの地域に置かれている組織である。基本的にはストックホルムやイエテボリなど、都市単位で設けられている。各地域支部には、「交渉人」と呼ばれる職員がおり、その人数は、地域の規模によって異なっている。

15 この点に関わる一連の経緯については、Blanpain,ed(1998)で述べられている。

16 TSL提供資料による。なお、二〇一九年時点では一五組織となっている(福島二〇一九)。

17 IF-Metallイエテボリ支部が特に問題としていたのは、①AFにおける職員数の削減、②訓練コースの削減、③失業保険の給付額の減額である(二〇一四年一二月実施調査)。

18 PTKは、ホワイトカラーの産業別組合の連合体である。LOはブルーカラーの産業別組合のナショナルセンターである。

19 例外もある。たとえばTSLでは勤続期間の合算を認めている。七日間以内の企業間移動であれば、前職の勤続期間と現職の勤続期間を合算し、それが一年以上であれば、サービスを利用することができる。

20 TRRへの訪問時の状況である(二〇一六年一二月実施調査)。

21 二〇一六年一二月実施調査。なお、SPAはTRRが所有する組織であり、TSLにおける主要なSPの一つである。

22 旧制度の詳細については西村（二〇一七）を参照されたい。

23 旧制度の下でTSLに登録していたSPは、ローバル企業から地元企業まで数多くいた。TSLへのヒアリングによると地場の小企業は、大手から独立したケースが多かった。また、TSLへのサービス提供を専門としている企業もあった（二〇一五年一二月実施調査）。実際のシェアについて確認すると、二〇のSPが全体の八五％程度の案件を担当していた。また、TSLは、一度認可したSPの認可を取り消すこともでき、たとえば、再就職成功率が六〇％に満たない場合、当該SPは、認可取り消しの対象となっていた。

24 以前の制度では、たとえば大手企業にもなると、複数のSPを呼び、サービスの内容や達成目標に関するプレゼンを行わせるコンペ方式が取り入れられていた。コンペでは、再就職に結びつけるために実施する取り組みや、案件を担当した場合に約束するアウトプット（たとえば、再就職成功率）などに関して、SP側から提示されていた。企業はプレゼン内容を基に、依頼するSPを決定していた。

25 二〇一六年一二月実施調査。共に当時百数十社あったSPの中で案件獲得率上位四つの中に入っていたSPである。

26 以降の記述はTRRへのヒアリングと提供資料による（二〇一八年一〇月実施調査）。

27 サービス提供終了後にTRRはクライアントにアンケートを実施している。「前職に比べてどうですか」という尋ね方をしており、回答方法は、「高い」、「同じ」、「低い」である。この尋ね方はTSLも同様である。

28 以下の記述はTSLへのヒアリングと提供資料による（二〇一五年一二月実施調査）。

29 分からないが七％となっている。

30 公共職業安定所へのヒアリングによる（二〇一九年六月実施調査）。

31 二〇一六年一二月実施調査。

32 IF-Metall中央交渉部へのヒアリングによる（二〇一四年一一月実施調査）。

［参考文献］

稲上毅・H.ウィッタカー（一九九四）「スウェーデン・モデルの崩壊」稲上毅編著（一九九四）『ネオコーポラティズムの国際比較』日本労働研究機構所収。

埋橋孝文（二〇一二）『福祉政策の国際動向と日本の選択』法律文化社。

カール・レ・グランド＆クリストファー・ラ・エドリング（一九九六）「企業レベルから見たスウェーデンモデルの変容」電機連合（一九九六）『各国電機産業の現状と労使関係に関するナショナルレポート』所収。

駒村康平（一九九九）「マクロ経済と労働市場政策」丸尾直美・塩野谷祐一編（一九九九）『先進諸国の社会保障　スウェーデン』東京大学出版会所収。

猿田正機（二〇〇三）『福祉国家スウェーデンの労使関係』ミネルヴァ書房。

篠田武司編著（二〇〇一）『スウェーデンの労働と産業――転換期の模索』学文社。

田村豊（二〇〇三）『ボルボ生産システムの発展と転換――フォードからウッデヴァラへ』多賀出版。

中村健吾（二〇一二）「EUの雇用政策と社会的包摂政策――リスボン戦略から『欧州２０２０』へ」福原宏幸・中村健吾編著（二〇一二）『21世紀のヨーロッパ福祉レジーム：アクティベーション改革の多様性と日本』糺の森書房所収。

西村純（二〇一四）『スウェーデンの賃金決定システム』ミネルヴァ書房。

――（二〇一七）「企業内の労使交渉を重視した労使関係――スウェーデンの賃金交渉を素材に」労働政策研究・研修機構（二〇一七）『現代先進諸国の労使関係システム』労働政策研究・研修機構所収。

日本労働研究機構（一九九七）『スウェーデンの職業教育・訓練制度』日本労働研究機構。

久本憲夫（二〇一五）『日本の社会政策〈改正版〉』ナカニシヤ出版。

福島淑彦（二〇一九）「スウェーデンにおける再就職支援」『日本労働研究雑誌』七〇六号。

福原宏幸・中村健吾編著（二〇一二）『21世紀のヨーロッパ福祉レジーム：アクティベーション改革の多様性と日本』糺の森書房。

宮本太郎（一九九四）「労使関係と労働市場」岡沢憲芙・奥島孝康編著（一九九四）『スウェーデンの経済：福祉国家の政治経済学』早稲田大学出版部所収。
――（一九九九）『福祉国家という戦略　スウェーデン・モデルの政治経済学』法律文化社。
――（二〇〇一）「雇用政策の転換とスウェーデン・モデルの変容」篠田武司編著（二〇〇一）『スウェーデンの労働と産業――転換期の模索』学文社所収。
――（二〇〇九）『生活保障――排除しない社会へ』岩波書店。
ムーリー・ジーン（一九六七）「スウェーデンにおける賃金政策」『ＩＬＯ時報』一九巻一号。
労働政策研究・研修機構（二〇〇五）『労働政策研究報告書Ｎｏ．１９　労働条件決定の法的メカニズム――７ヶ国の比較的考察』労働政策研究・研修機構。
――（二〇一三）『労働政策研究報告書Ｎｏ．１５７　１現代先進諸国の労働協約システム――ドイツ・フランスの産業別協約（第１巻ドイツ）』
――（二〇一五ａ）『労働政策研究報告書Ｎｏ．１７７　企業・事業所レベルにおける集団的労使関係システム（ドイツ編）――事業所協定・企業別労働協約による規範設定を中心に』労働政策研究・研修機構。
――（二〇一五ｂ）『労働政策研究報告書Ｎｏ．１７８　スウェーデンの労使関係――賃金・労働移動のルールを中心に』労働政策研究・研修機構。
Andreas, D. & Bergström, O. (2006) "The Job Security Councils in Sweden" IMIT – report, Institute of Management of Innovation and Technology (IMIT).
Blanpain, R. ed. (1998) *Employment Protection under Strain*, Kluwer Law International.
CEDEFOP (1999) *Vocational education and training in Sweden*, European Centre for the Development of Vocational Training.
Meidner, R. (1997) "The Swedish Model in an era of Mass Unemployment" *Economic and Industrial* Democracy,Vol.18.
OECD (2015) *Back to Work :Sweden*, OECD.

Olsson, A. S. (1991) *The Swedish Wage Negotiation System*, Dartmouth Publishing.

Rehn, G. & Viklund, B. (1990) "Changes in the Swedish Model" In Baglioni, G. and Crouch, C. eds. *European industrial Relations*, SAGE.

Sweden (2016) *The Swedish Model*, Government Office of Sweden.

TSL (2014a) *Tre år efter omtällning*, TSL.

—— (2014b) *TSL tio år. Fakta och reflektioner*, TSL.

—— (2016) "Historiskt lågt inflöde", TSL.

Visser, J. (1996) "Corporatism beyond repair? Industrial relations in sweden" In Ruysseveldt. J. V. & Visser, J. eds. *Industrial Relations In Europe*, SAGE.

Walter, L (2015) "Mellan Jobb-Omställning avtal och stöd till uppsagda i Sverige", SNS Förlag.

[参考資料]

Kollectiv avtal Teknikavtalet IF Metall (Collective Agreement for Wage-earners between Teknikarbetsgivarna and IF-Metall) 2007-2010.

再就職先は同じ産業、それとも異なる産業？

スウェーデン・モデルの特徴として、産業や職種の転換を伴う再就職を実現していることがよく紹介される。働く人々を斜陽産業から成長産業に移すことによって生じるメリットは、国の経済と働く個人双方にとって大きい。スウェーデンはこの理想を実現している国として紹介される。しかしながら、不思議なことに、TRRではようやく成長産業への人の移動の活性化が目指されようとしている。TRRは、受動的ではなく能動的に業種／職種間の移動の実現を目指している。当事者の言葉を借りると、「アクティブ（active）からプロアクティブ（proactive）な形での労働移動」である。具体的には、今後伸びる可能性のある業種や職種への労働移動を戦略的に実施しようとしている。こうした移動を増やしていくことが、TRRにとっての課題となっている。

こうした状況を鑑みると、実際には一部の特例を除いては、異なる産業に再就職することは「言うは易し、行うは難し」ということなのかもしれない。では、実際に産業を越えた移動を行った者は、処遇にどのような変化が生じているのか。この点について、TRRの利用者の状況を確認してみると、産業が変わった場合の方が、給料は下がる傾向があるようである。異なる産業に再就職した者の4割弱が下がったと答えている。同じ産業に再就職した者は、その割合が3割弱に留まっている。高くなったと答えている者は、いずれの場合も3割弱となっている。このように、処遇の維持・上昇を伴いながら、ある産業から別の産業へと人を移動させていくような夢のような仕組みがあるわけではない。道半ばというのが実際だと思われる。

そのような状況の下、プロアクティブな移動の実現のために、TRRは現在「労働市場の可視化」に取り組んでいる。利用者を対象に、異なる産業へ再就職している割合、その人物の前職と再就職時の職業などを一度整理し、産業間の関係性（たとえば、この産業からこの産業へは移りやすいなど）の把握に努めている。産業や職種の転換を伴う移動の実現への取り組みは始まったばかりと言える。

第6章

デンマークにおける積極的社会政策の変遷

――公的扶助受給者への政策アプローチを中心に

加藤壮一郎

本章のポイント

デンマークでは一九七三年のオイルショック以降の長期的な経済不況によって、失業が慢性化し、労働市場に参入できない若年者を中心に公的扶助受給者が増加した。

一九九三年に中道左派政権が樹立すると社会給付受給者に対して職業教育・訓練を軸としたアクティベーションを中心とする積極的社会政策[1]が導入された。二〇〇一年に中道右派政権が樹立すると、就労義務を強調する福祉契約主義的な理念が強化され、就労斡旋や移民・難民層の社会給付受給者への待遇の厳格化などを軸としたより雇用志向のワークファーストアプローチが推進された。

一九九〇年代後半より公的扶助受給者数は減少したが、就労支援以外の健康や医療的ケアが必要な中高年層、言語や生活状況等で困難な条件を抱えていた移民・難民層が取り残される傾向にあった。彼らの子ども世代には「負の社会遺産」と呼ばれる貧困等の世代間継承が拡大しているといわれている。

二〇一一年に中道左派政権が樹立し、移民・難民待遇の緩和、三〇歳以下の公的扶助受給者には「教育援助」制度が導入され、労働市場への参画を促すための「教育」を軸とした社会投資アプローチが展開されるが、移民・難民二・三世の社会統合は進まず、現代のデンマーク社会に少なからぬ社会不安をもたらしているとも考えられる。

1 デンマーク・モデルの光と影

一九八〇年代以降ヨーロッパ各国では、経済のグローバル化、産業構造の変化に伴う構造的な失業問題に悩まされ、デンマークでも一九七三年のオイルショック以降、ケインズ主義的経済政策は効果を見ず、慢性的な高い失業率の下、社会給付受給者の増加に悩まされ続けた。

一九九三年に中道左派政権が樹立すると積極的社会政策が導入され、一九九〇年半ば以降、「デンマークの奇跡」と呼ばれる経済成長を果たし失業給付受給者は劇的に減少し、公的扶助受給者をはじめとした他の社会給付受給者も減少した。供給サイド理論に基づいた労働市場政策への転換によって、経済成長と社会的平等の間でのトレードオフといった問題も懸念されたが、所得格差や相対的貧困度など社会的平等を示す指数でもむしろ良好な状態を推移した。こうした成果は、二〇〇〇年代半ば、ヨーロッパ諸国における経済低迷の要因の一つとして硬直的な労働市場と認識していたOECDや欧州委員会からも柔軟な労働市場と社会保障、生涯教育を基盤とする技能向上を連関させる「フレクシキュリティ」のデンマーク・モデルとして注目された。

このような成功の影で、公的扶助受給者における医療的・健康的ケアが必要なアルコールや薬物依存を抱える者、生活支援等の必要な中高年層、言語や教育、健康面で多くの困難を抱えた移民・難民層は労働市場に統合されることなく取り残される傾向にあった。また彼らの子ども世代が成人後も公的扶助受給者となるなどに象徴される貧困や教育程度等の世代間継承の問題をデンマークでは「負の社会遺産」と呼び、主要な政治課題ともなっている。特に移民・難民の二世、三世の一部の社会統合が進まずに、彼らが集住する社会住宅地区における都市型犯罪の多発や二〇一五年のコペンハーゲン連続銃撃事件など現代のデンマーク社会に少なからぬ社会不安をもたらしている。

本章では、デンマークの積極的社会政策の変遷について、一九七三年のオイルショック前後から、社会民主党から自由党への政権交代などのあった二〇一五年までの期間において、主に公的扶助受給者への政策アプローチの変化に注目しながら整理する。とりわけ一九九四年の積極的社会政策導入後の中道左派・右派政権によるそれぞれの政策アプローチの変化について、雇用、社会政策体系におけるガバナンスの変化も併せて俯瞰する。これらの整理からデンマーク福祉国家の変貌の一端を考察したい。

2 積極的社会政策の導入とその背景(一九七四〜二〇〇一年)

(1) 公的扶助制度の成立とゆらぎ

一九六〇年代に入り、デンマークはほぼ完全雇用を達成し、一九七〇年代まで失業率が一%以下の状況が続いた。産業界では労働力不足が課題となり、一九六五年に社会制度改革委員会が発足され、これまで労働力としてみられなかった子どもをもつ女性や障がいのある者なども労働市場に参入できるような条件整備が勧告された。このことでパートタイム労働の認可、フレックスタイムの就労、出産休暇、保育所の整備等が急速に進んだ（アナセン 一九九九）。当委員会では公的扶助制度の改革も答申された。一九七四年の公的扶助法の改正によって、困難に直面した人々が自立可能になるための機能回復の訓練を提供する「リハビリテーション原則」、受給者の問題発生の初期における十分な支援を提供する「予防原則」、基礎自治体が公的扶助受給者の経済補償に自由裁量をもつ「所得喪失の原則」、対象者の困難の全体性を調査して支援する「全体性の原則」といった新しい社会福祉の四原則が導入された。このことで、受給者への相談支援、現金給付、各社会サービスの主要三サービスが確立し、デンマークの社会政策は寛容さを極めたともいわれた（Greve 1999）。

しかし一九七三年のオイルショック以後、デンマークの経済成長は停滞し、高い失業率に苦しむこととなった。製造業における構造的な生産効率の悪さや賃金抑制の失敗などによる国際競争力の低下などが原因といわれているが、一九七五年から八二年まで政権を担った社会民主党政権は、もっぱらケインズ主義的な公共支出による有効需要拡大によって事態を打開しようとした。こうした政策パッケージのなかで不況にあっても、長期失業者の失業給付受給期間の延長など、むしろ失業給付制度の拡充によって景気回復を促そうとした。また一九七九年には、六〇～六六歳までの失業保険加入者のうちに、一定の職歴を持つ者は早期に退職しても、失業給付の六〇～八〇％を老齢年金の受給年齢である六七歳まで受給できる「任意早期退職年金制度（Efterlon）」も導入された。ねらいは主に単純作業労働者を早期に労働市場から退出させ、特に高失業率にあえいでいた若年者を労働市場に参入させようと意図したものであった。しかし、使用者に退職ポストを埋める義務がなく、自営業者にも適用されたことなどから労働力代替率は高くなかった。一方で、同年に失業から二年以上経過した長期失業給付受給者に対して、政府が提供する補助金で七~九か月の就労義務を課した「補助金雇用」である「就労提供事業」を導入した。これは失業者の長期化による労働意欲や稼働能力の低下を予防する目的で、主に公共セクターで提供されたが、不景気が続くなか効果は見られなかった。長引く不況で歳入が減少していたにもかかわらず、政府がこれらの政策を進めてきた背景の一つに、長期失業者が公的扶助受給者になることを恐れていたことが考えられる。また一九七四年の公的扶助法改正時から、新たな制度に対応しうる基礎自治体における福祉専門職員の不足や、不況による基礎自治体の財政圧迫のため、受給者に対する処遇をめぐっても自治体間で格差が生じるなど運営面における困難も表面化していた。一九八四年に保守党を中心とした中道右派政権になると、基礎自治体による公的扶助給付の自由裁量権は廃止され、全国で一律の定額給付に戻された。新社会福祉四原則のうち「所得喪失の原則」は、一〇年もたたないうちに消滅した(Greve 1999)。

当時、企業が雇用調整しか不景気に対抗する手段をもちえなかった状況下、政府はケインズ主義的経済政策への期待と新たな公的扶助制度の運営上の問題も含め、長期失業者を失業給付制度の枠にとどめさせておくという選択に傾いたといってよい。このことで労働市場に復帰できない長期失業者は失業給付制度の枠にとどまって慢性化する一方で、労働市場に参入できない若年者は失業給付資格を得ることなく若年者層を中心に公的扶助受給者数は増加の一途をたどった。

(2) 積極的社会政策導入への道程

一九八〇年代に入っても、伝統的なケインズ主義的経済政策が効果を発揮できずに景気は低迷し失業は増大した。この時期になるとオイルショック以降続く長期的な経済不況は、一時的なものではなく、デンマーク経済そのものが抱える構造問題として認識されはじめていた。特徴的なのは、労働組合側と使用者団体側双方ともにデンマーク経済の低迷は需要側の問題というよりも供給側の構造問題と捉えていた点である。労働者を代表する全国労働者組合連合[2]は、デンマーク産業界そのものとその将来的な方向性に問題を見いだしていたのに対して、工業セクターの使用者を代表する全国工業連盟は肥大化した公共セクターが国内市場向けの産業を優先し、輸出産業を抑制する方向に向かっていると捉えていた。結論としては、労働組合側はより強力な産業政策を求め、使用者団体側は賃金抑制と国際競争を意識した公共支出の改善を訴えた。とはいえ、労使ともにデンマーク経済における産業構造の問題とマクロ経済、産業競争力が関連しているという大枠では認識が共有されつつあったといってよい。

一九九〇年代に入ると、構造問題に対する論点は、さらに中長期的なデンマーク産業の成長と改革のため、公共セクター、民間セクターを問わないデンマーク社会全体の改革にまで視野が向けられるようになっていた。その背景には、ヨーロッパ統合による経済のグローバル化対応への問題意識があったことは間違いないだろう。この問題の解決には、中央政府（財務省、通産省）も公共セクターにおける効率性や公共支出の削減だけでなく、産業全体の再構築を促進するために政府が重要な役割を担っていることを認識し始めていた。また、単に公共セクターの問題のみならず、この構造問題を解決していく主要なアクターが、公私問わず、中央と地方における全てのレベルにおいて、デンマーク経済を改革するために責任を分担することの社会的同意が政府、労使、関係機関の間で形成されつつあった。また、この時期に野党であった社会民主党が、ケインズ主義的経済政策から離れ、隣国のスウェーデンをはじめ北欧諸国やオーストリアなどが実施していた、産業構造の高度化に向けた積極的労働市場政策を実施する立場へと変換していった(Pedersen 2006)。

(3) 積極的社会政策の導入

一九九二年に、労働省の労働市場改革に関する調査、政策提言を行う経済学者のツアイテンを委員長とする労働市場構造問題調査委員会の報告書で、構造的失業の問題に焦点を当て、就労および教育の各提供事業と失業給付システムの財源の見直しが勧告された。今後、失業給付受給者には就労支援サービスの提供を義務付け、個人のニーズに応じ就職斡旋、職業教育・訓練のプログラムを組み入れることが提案されている。また「アクティベーション」と呼称された、これらのサービスを実現するために、個々人のサービスプログラムの計画を記載した個別行動計画の作成も勧告している。一方で、これまで就労提供事業に参加することで、長期間の失業給付の受給継続が可能であった制度を改め、「権利と義務」の原理に即して受給期間の限定化を打ち出した(Udredningsudvalget 1992)。

同年に社会省福祉委員会からも、社会給付受給者への就労能力向上に関して、「今後も拡大する福祉国家を支えていくのは、高水準の雇用と経済的生活の繁栄しかなく、グローバル化する市場のなかで国内産業の競争的な地位を強化するために、デンマークは新しい技術の習得とフレキシブルな生産システムを開発することが決定的に重要である」と公表し、最終的に「労働市場の機能改善、教育経験の乏しい人たちのための特殊な雇用の創出、公的セクターと民間セクターの相互作用の強化」が勧告された(嶋内二〇〇八)。

すでに産業構造転換への積極的介入路線を容認していた社会民主党は、一九九三年に政権を奪還すると、中道右派政権時代に用意されていたこれらの報告書の内容を多分に採用し、一九九四年に失業給付者に対する就労に向けた職業訓練や職場実習等の「アクティベーション」を義務付けた。アクティベーションには、カウンセリング・ガイダンス、職業訓練(補助金付き雇用)、個別的な職業訓練、教育、ボランティアといったプログラムが含まれている。こうした動きと並行して、同年に二五歳以上の公的扶助受給者は、受給から一年後に職業訓練・教育への参加も義務付けられた。一九九八年には公的扶助受給者や障害年金受給者の労働市場への参画を促進する「積極的社会政策法」が定められ、この法律によって、原則的に全ての公的扶助受給者は、受給三か月後にアクティベーションに参加しなければならなくなった。

しかし、ここでとられた戦略は、アメリカ等でとられた社会給付期間の限定によって就労インセンティブを促すといったワークフェアとは一線を画している。産業構造の高度化に伴う労働市場における労働需要を「教育」による技能の高度化によって、賃金を技能に合わせるのではなく、むしろ技能を高い最低賃金に合わせることで賃金構造を圧縮し、労働需要のマッチングの問題も解消しようとするものであった。こうした考え方から積極的労働市場政策への公的支出も他国に比して高いものとなっている[3](グル・アンダーセン二〇〇五)。

(4) 積極的社会政策実施のガバナンスとその後の経緯

先述した労働市場構造問題調査委員会報告書では、「アクティベーションは、中央のコントロールと個の要求によって運用される。このことで対象としているグループのニーズに十分あわせられない融通のきかないシステムである。」という懸念も示され、公共セクター、企業も含む地域社会との協力が喧伝された(Udredningsudvalget 1992)。積極的社会政策の導入をめぐっては、まずは一九九四年に主に障害年金受給者の労働市場への参入を促す雇用プロジェクトを遂行する「社会調整委員会」が設立された。社会省の管轄で三八の基礎自治体で実験的に設けられたが、一九九九年に「地域調整委員会」として引き継がれ、全国の基礎自治体に設置され、公的扶助受給者や疾病給付受給者(けがや病気等による休職期間の社会給付)も主要な対象者として地域の労働市場への参入に関わるプロジェクトが実施された。地域調整委員会の法的な位置付けは基礎自治体の議会への助言機関に過ぎなかったが、潤沢な補助金がつく雇用プロジェクトの企画、決定の権限をもつことから、徐々に積極的社会政策における関係者の調整機関として存在感を大きくしていった。議長は、議会の社会問題関係委員会から選出され、委員は、全国労働組合連合、全国経営者連盟[4]、職員・公務員共同会議[5]、障害者協会、開業医医師会、公共職業紹介所からそれぞれ一名ずつ選出された。地域調整委員会は全国社会評議会によって管轄された。二〇〇〇年の全国総予算は一億四五〇〇万クローネ(約二〇億円)で、各基礎自治体の予算は人口規模に応じて金額が算出され交付された(加藤 二〇一六)。

社会民主党が政権に就いた一九九三年には約一二%あった失業率は二〇〇一年には五%を下回り、社会給付の減額、待遇の厳格化などの影響が懸念された経済的不平等の拡大についてもジニ係数等の

図1　公的扶助率と失業率の推移

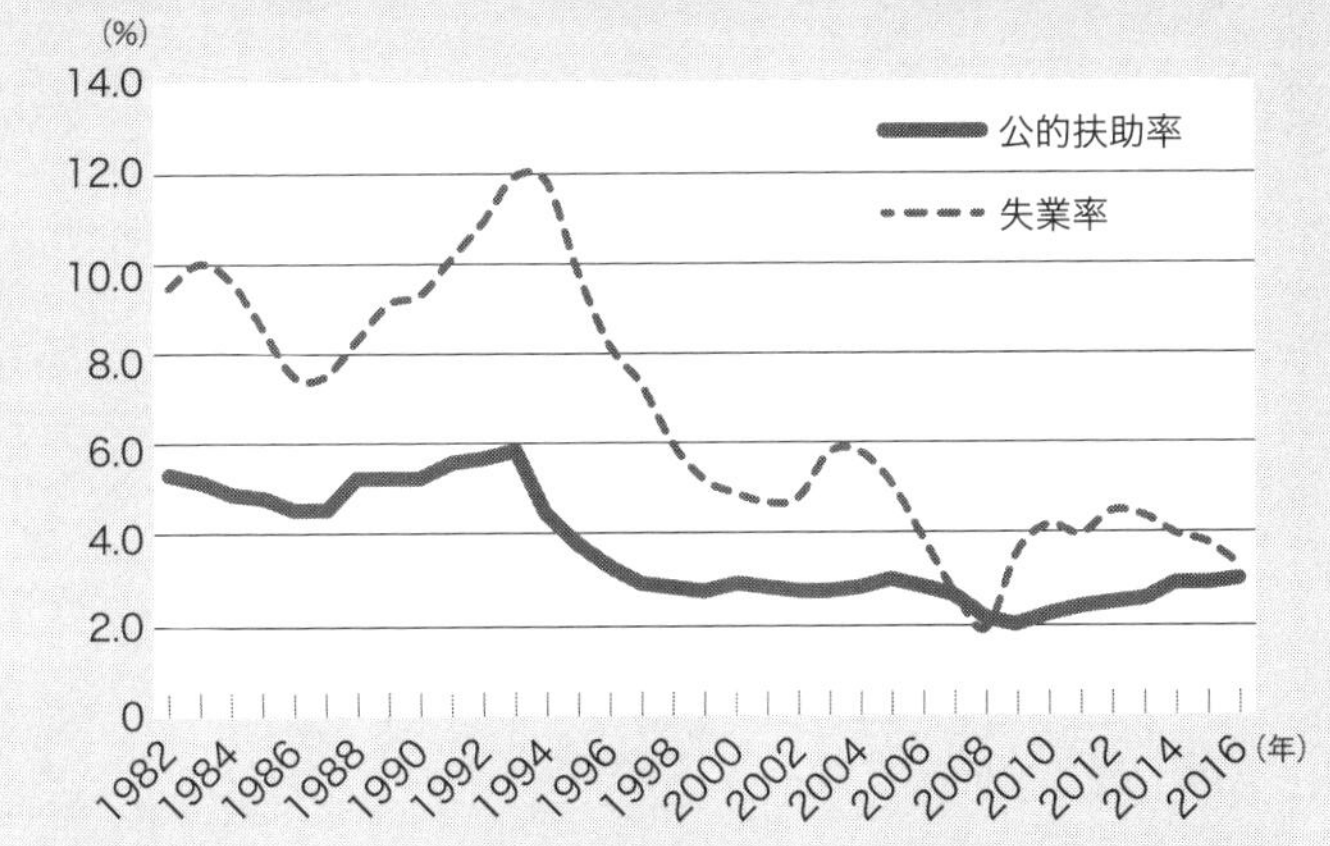

出所：Danmarks Statisitik より筆者作成。

図2　年齢別公的扶助受給者数推移

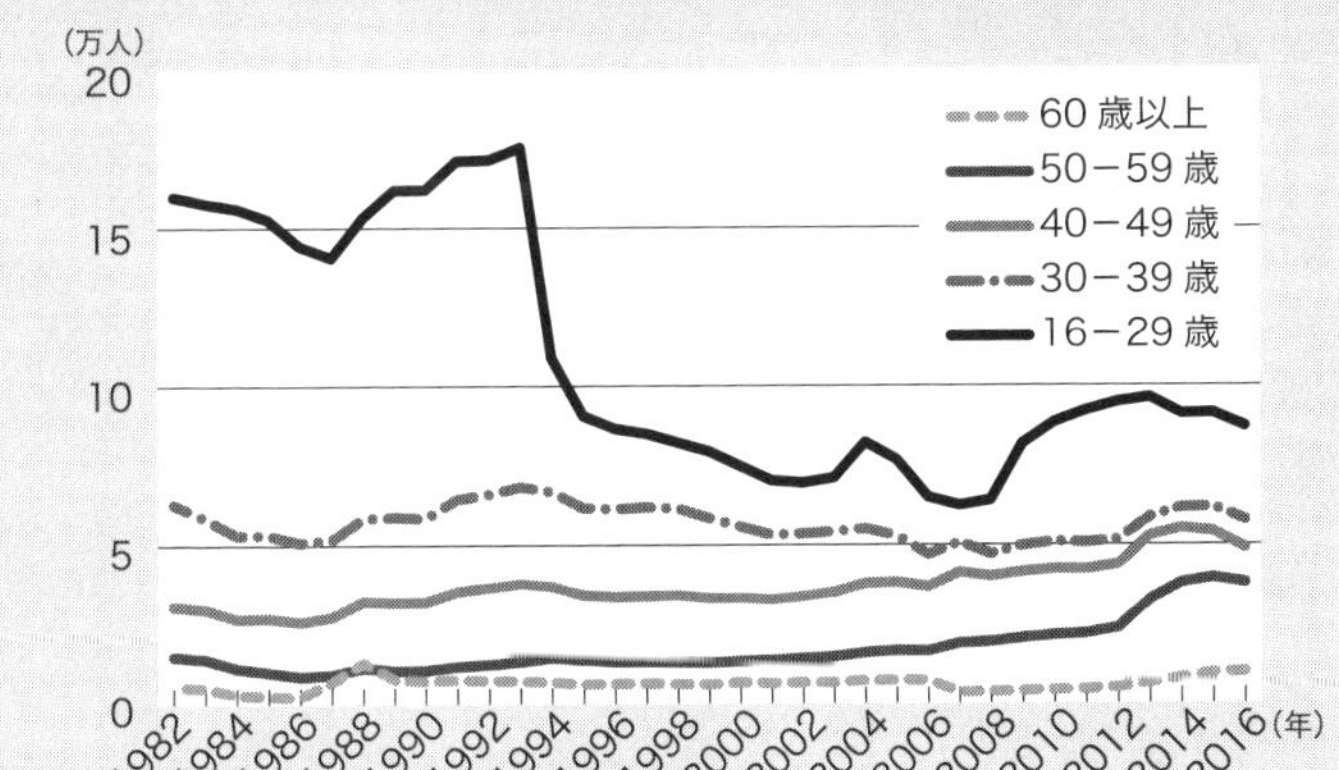

出所：Danmarks Statisitik より筆者作成。

指標からはむしろ減少傾向をみせていた。また、長期失業から公的扶助受給者になるといったリスクも大きく解消されたといえる（グル・アンダーセン二〇〇五）（**図1**）。

公的扶助受給者数の推移も三〇歳以下の若年者層の急減によってその全体数を大きく減少させた。一方で、三〇歳以上の受給者にはあまり変化が見られず（**図2**）、これらの層の主たる原因は薬物やアルコール依存症などの医療的、健康的ケア等が必要な層が多くみられた。また、非西欧圏移民・難民などの公的扶助受給者に対しては、一連のアプローチがほとんど効果がみられなかったとの指摘も多くみられる（嶋内二〇〇八）。

3　中道右派政権によるワーク・ファースト・アプローチ（二〇〇一～一一年）

(1) 移民・難民への待遇厳格化

一九七〇年代以降悩み続けてきた慢性的な失業問題の解消に成功した中道左派政権であったが、二〇〇〇年九月に導入を予定していた欧州統一通貨ユーロの導入をめぐる国民投票では否決という結果となった。背景にはユーロ導入による自国の福祉制度などへの影響やEU内の大国からの介入を嫌った国民感情があったとされる。こうしたナショナリズム的な気運は、二〇〇一年九月一一日のアメリカ同時多発テロ事件によってさらに高揚し、非西欧圏移民・難民の国民への視線はより厳しいものとなったとされる。当初、9・11テロによる危機意識から国民支持があるとみた社会民主党は同年一一月に国政選挙に踏み切ったが、選挙の争点は前述した背景から移民・難民問題と絞られ、移民・難民の待遇厳格化を訴えた中道右派陣営の自由党(第一党)、極右勢力であったデンマーク国民党(第三党)が躍進し、一九二〇年以来第一党を維持してきた社会民主党は第二党に転落した(倉地二〇一八)。

特にデンマーク国民党は、移民・難民の待遇の厳格化と減税による低所得層や高齢者に対する福祉を充実させることを訴え、全投票数の一二%を獲得、内五九%は労働者からの得票(社会民主党は四八%)で躍進を果たした。伝統的な社会民主党の中核的支持者のなかで、一連の積極的社会政策などの構造改革に不満をもつ層の支持が、極右勢力であるデンマーク国民党に流れた、という分析も確認できる(グル・アンダーセン二〇〇五、Arndt 2013)。選挙では、移民問題が前面化したが、伝統的な社会民主党支持者を中心に自らの福祉配分に対する不満を表明した社会政策をめぐる「福祉選挙」だったとする指摘も複数みられる点は興味深い(Goul Andersen 2003、Giger 2011)。

自由党は保守党との中道右派政権を樹立するが、少数与党政権であったため、緊縮財政政策路線の自由党にとって福祉支出の削減に否定的なデンマーク国民党とは財政政策では方向性に違いがあったが、移民・難民の待遇の厳格化は双方が訴える政策を満たすものであり閣外協力を仰いだ。発足直後の二〇〇一年一一月に、これまで社会省をはじめとする移民・難民を担当してきた諸官庁から分離して、難民・移民統合庁という独自の行政機構へ統合された。翌年の二〇〇二年には外国人管理法を発効して、家族再統合や市民権にかかわる制度を厳格化させた。公的扶助受給を受けていた移民・難民に対しては、二〇〇二年にデンマーク国内に居住する移民・難民に対して「スタート扶助(Starthjælp)」という制度を導入した。対象者は、直近八年間で七年間未満の居住者で、給付額は公的扶助給付の三五～五〇％（家族状況によって変動）に設定して、七年間を経過すると通常の公的扶助給付受給へ移行するというものであった。これまで公的扶助受給制度の枠組みでその待遇が位置付けられていた移民・難民の居住条件がより一層厳格化されるかたちとなった。二〇〇六年には、「三〇〇時間規定（300-timersreglen）」が設けられた。対象者は、公的扶助給付を受給する二五歳以上の夫婦で、夫婦のどちらかの就労時間が、二年間で三〇〇時間未満の場合、どちらか一方は受給資格を喪失する、というものである。ここでいう就労とは通常雇用を指し、アクティベーションで実施される補助金付き雇用や職業訓練は「三〇〇時間」に考慮されない。形式上、国内の全受給者に適用されるが、事実上は移民・難民層をターゲットとしたものであることは内容から見ても明確であり、「三〇〇時間規定」については、受給資格剥奪経験者の多くが、低技能のため就労が困難なグループであったことが報告されている（嶋内二〇〇八）。

（2）就労に向けた適合区分の導入

このように移民・難民をターゲットとした就労を前提とする福祉の厳格化が進められた背景には、就労する者こそが社会福祉の権利を享受するにふさわしい市民であるという福祉契約主義的な理念の拡張がみられたといえる。その象徴的な制度改変の一つに、二〇〇四年の失業時の就労支援サービスを受ける市民に対する労働市場への参加能力を基準とした五つの適合区分（Matchkategori）の導入だろう（**表1**）。五つに区切られた区分に応じて求職活動の義務付けや労働時間、職業教育・訓練メニュー等の要件に制限がかかることとなった。これまで、ソーシャル・ワーカーを中心として、個々に個別

表1　2004年導入時の適合区分（Matchkategori）

区分	名称	内容
1	即時適合（Umiddelbar match）	3か月以内に即時に就労可能な者。
2	高位適合（Høj grad af match）	3か月以内にスムーズに就労に移行できる者。
3	部分適合（Delvis match）	条件付きであるが、3か月以内の就労が可能である者。
4	低位適合（Lav grad af match eller）	精神、肉体の障害や言語も含めて就労に向けては3か月以上の期間を有する者。
5	適合不能（Ingen match）	就労が不可能な者。

出所：加藤（2014）より筆者作成。

行動計画が立てられ、一定の制約がありつつも、ソーシャル・ワーカーの判断による生活支援や社会活動支援等の個々人の応じたアクティベーションのプログラムが一定程度容認されてきたが、この適合区分の導入によって、より雇用に直結するプログラムの編成に方向付けられたといってよい。これらの区分は、失業給付受給者、公的扶助受給者、障害年金受給者、疾病給付受給者に適用された。

二〇一〇年には、従来の一～三区分を一区分に収斂させ、四区分を二区分へ、五区分を三区分に収斂した「新適合モデル（Ny Matchmodel）」に移行した。「グループ1（Jobklar）」として区分けされたグループに属する者は、これまで社会給付を受けてこなかった者や二か月以内に就労可能な者が対象となる。三か月以内の就労が難しいとされながらも、雇用に向けた職業訓練やアクティベーションプログラムに参加できる者は、「グループ2（Indsatsklar）」に区分けされた。このグループに所属する者は、社会参加が困難な若年者、アルコールや麻薬中毒者、精神疾患のある者や難病など困難を抱える者などが属している。「グループ2」の活動をこなせないと判断された者は、「グループ3（Midlertidigt passiv）」に区分けされた。このグループに属する者は、重大な精神疾患や長期的な病気にある者などの深刻な症状を抱える者等で就労に向けたアクティベーションなどは行わない。このモデルでは、社会給付受給者全般にわたり、三ヶ月以内に就労可能かどうかが一つの大きな基準として区分けされ、より直接的に雇用志向のプログラム編成が方向付けられたといってよいだろう。

(3) 雇用政策・社会政策のガバナンスの改変

①地域雇用政策の重視

一九八〇年代以降の産業構造の変化やEU統合に伴う労働市場のグローバル化などで、デンマークでは地域間における経済格差の拡大が問題化した。一九八〇年代以降、デンマークにおける地方都市の主要産業であった造船や製造業などが急速に縮小し、地方では深刻な失業問題に悩まされてきた。金融やサービス業を中心とした第三次産業の拡大で、労働者にはより高度な知識やコミュニケーション能力が求められるようになり、かつて第二次産業などのマニュアル型労働に対応していた（移民なども含む）非熟練労働者の労働市場への参入を困難にさせた。アクティベーションは産業構造の変化に伴う陳腐化した技能の向上を目指したものだったが、第三次産業拡大によって、ますます大都市部へ労働力が移動することとなった。OECDの報告によれば二〇〇〇年当時のデンマークの個人間の経済格差は、OECD諸国中極めて低水準にあるが、地域間格差は中位に位置している（OECD 2009）。こうした社会経済的背景は、二〇〇一年の選挙で地方部の企業経営者、農業経営者を支持基盤にもつ自由党、また失業率の高いユラン半島南部を中心とした非熟練労働者や高齢者を主要な票田としていたデンマーク国民党に対する支持を高めた構造的背景を形成したとも考えられる。

二〇〇三年に、中道右派政権は「デンマーク地域成長戦略2003」(経済ビジネス省)を策定した。国民の約一〇%の人々が非常に開発の遅れた地域に住んでいるため低所得を強いられている、という認識を示し、地域経済の成長による地域間格差の是正、持続的発展のための経済構造の転換を目標として掲げた。所得の全国平均の八〇%を満たない主にユラン半島北部、南デンマーク地方に集中する地域の約三〇の基礎自治体を重要地域に指定し、「ビジネスを行ううえでの良好な環境整備」、「貧しさの解決機会をつくる」の二大指針の下、積極的な援助を約束した(The Ministry of Economic and Business Affairs in Denmark 2003)。

こうした地域経済政策、地域雇用政策の重視は、行政機構の合理化の動きとも合わせ、雇用政策・社会政策のガバナンスの一元化とも連動した。

②雇用政策・社会政策のガバナンスの一元化

二〇〇二年に中道右派政権は行政機構の合理化に関わる委員会を発足させた。デンマークの地方制度は、一九七〇年の地方自治体の再編以降、一三の郡、二七一の基礎自治体で構成されていたが、与党の自由党は前述した一九八〇年代からの構造改革の議論でも一貫して、公共セクターの合理化、効率化を掲げてきた。二〇〇四年に検討委員会は、地方公共団体によるサービス提供体制再編の必要性を答申した。その後の地方公共団体、関係機関等へのヒアリング結果にも基づき、政権与党である自由党・保守党、閣外協力のデンマーク国民党によって「構造改革に関する合意書」が締結された。ここでは、二〇〇七年一月一日までに一三郡の廃止が決定され、五つの広域自治体である広域県(Region)の設置、二七一の基礎自治体は九八に統合されることとなった。この改革によって、医療を除く雇用、福祉、教育などの市民向けの公共サービスの窓口が基礎自治体に一元化された。

再編に伴って、これまで国が管轄してきた雇用サービスの窓口も基礎自治体へ移譲することとなった。この雇用政策のガバナンスに関しては、当初より主に四つの制度改革が提案されていた。第一に失業給付受給者と社会給付受給者のサービス窓口を基礎自治体に設置するジョブセンターに集約すること、第二に国はジョブセンターの年間業績をモニタリングすることなどを通し年間の業績目標を設定し、その業績管理を導入すること、第三に雇用サービスの実務権限を一切ジョブセンターに委譲する一方で、職業訓練などのプログラムに際しては、民間機関の使用を義務付けること、第四に地域調整委員会を廃止し、地域雇用協議会として地域調整委員会が実施してきた雇用プロジェクトを引き継ぐこと、の四点が提示された。

こうした改革案に、当時、最大野党であった社会民主党や労働組合側は、国全体の雇用に関わる政治的イニシアティブや調整力を失うとして抵抗した。特に地域雇用協議会の設置に関しては労使団体構成員の増員、地域雇用政策に関わる協議会の役割強化など、政府の介入が強まるのを嫌った使用者団体側も巻き込み要求した(DA LO FTF and SALA 2004)。

結果的に、ジョブセンター設置は島嶼部などで一部統合され、九一ヶ所に統括された。旧制度では公的扶助受給者や障害年金受給者の就労支援は、基礎自治体の雇用担当部門が対応し、失業給付受給者は、郡に設置された国の機関である公共職業安定所が対応してきた。郡の公共職業安定所では、企業や労働組合との連携が強く労働市場の動向把握に長けていた一方で、基礎自治体の雇用担当部門は、公的扶助受給者や障害年金受給者への生活支援等のケアが中心で労働市場に関わる情報や社会的ネットワークは脆弱だったとされている。理念上は労働市場の動向に詳しい公共職業安定所の機能を基礎自治体単位で設置されるジョブセンターに移管することで、失業給付受給者に対しては地域事情に則した雇用サービスを、公的扶助受給者等に対しては公共職業安定所が持つ労働市場に関わる社会的ネットワークを活用して就労移行がよりスムーズにできるとした期待があった(Madsen 2007)(**図3**)。

国(雇用省労働市場管理庁)は、雇用サービスの実務から退き、全国的な労働市場動向の把握や雇用政策の方向性を定める立場となった。年間の雇用サービスの目標値を定める「年間雇用目標」の作成が主要な柱となっている。これらの年間雇用目標を中心としたジョブセンターの業績管理を進める国の出先機関として、新たに広域県に四つ設置された「雇用広域県(Beskæftigelsesregion)」が再編された。雇用広域県は、広域県内の労働人口の動向や労働需要の状況、管轄するジョブセンターや関係機関で行われてきた雇用対策の効果について分析を行い、各基礎自治体のジョブセンターが作成する「年間雇用計画書」等の作成を国が定めた年間雇用目標と調整しながら助言する。そのため、これらの計画書等を、各基礎自治体議会で検討する際には、事前に議員に対して専門情報をレクチャーするなど、議会での承認を得るための支援にも努めている。このように雇用広域県は、ジョブセンター業務の助言や支援と業績の調査分析を行う実質的な司令塔的な役割を担っているといえ、このことで国が定める雇用施

図3　雇用政策・社会政策のガバナンスの一元化

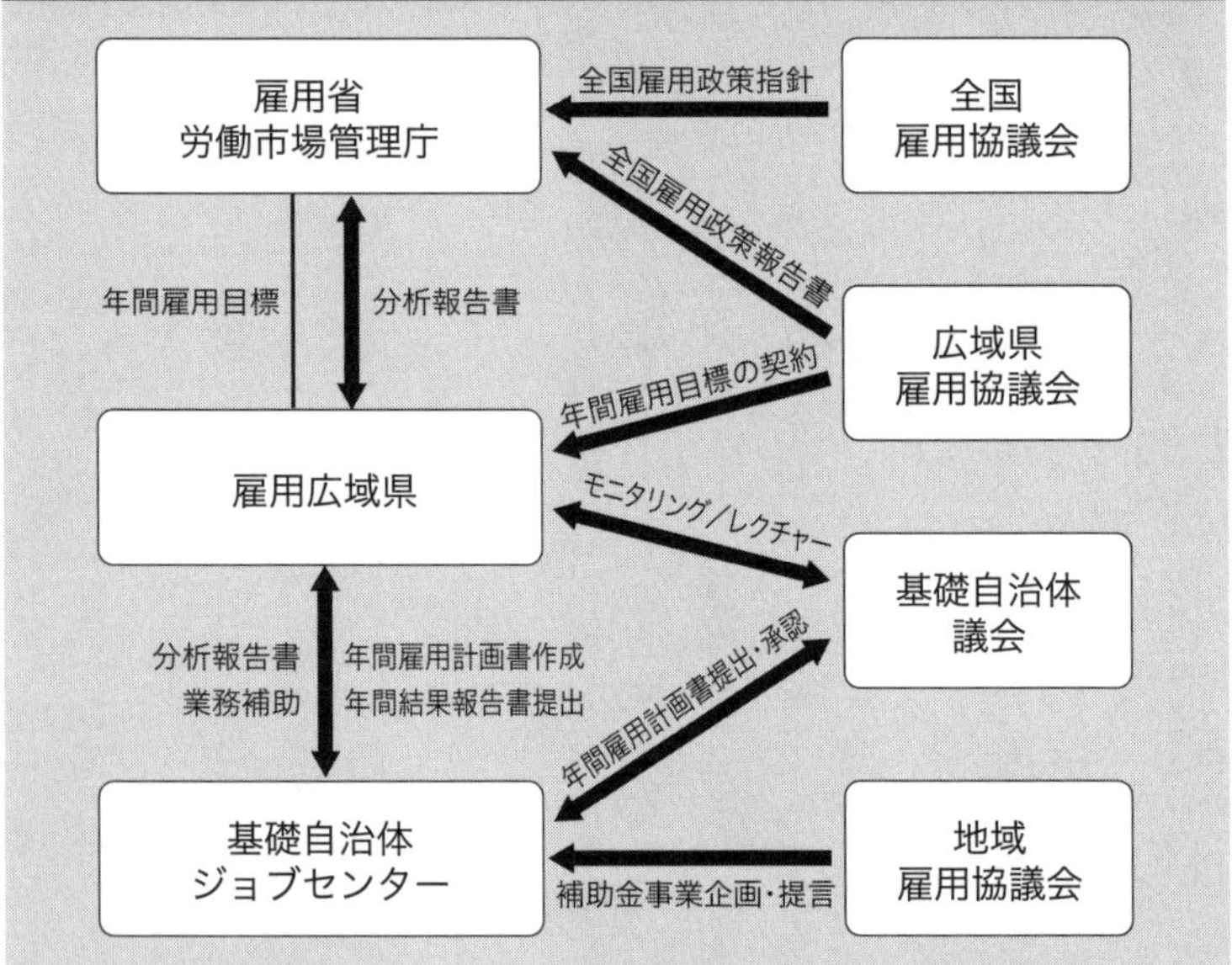

出所：加藤（2016）図5より引用

策が全国のジョブセンターに行き渡るように管理しているともいえる。

言い換えれば、市民に対する雇用サービスの実務権限はジョブセンターに全面的に移譲された一方で、ジョブセンターは、毎年国が定める「年間雇用目標」の方針の下に定められる地域労働市場の動向に則した「年間雇用計画書」に沿って実施し、これらの業績について国から評価管理を受けるかたちで管理されているともいえる。

③地域雇用協議会の設立

ジョブセンターの雇用サービスを支えるサブシステムとして、地方制度改革の前年（二〇〇六年）に、九一のジョブセンターの管轄地域に地域雇用協議会(Lokale Beskæftigelsesråd)が発足した。旧制度の基礎自治体の社会部が管轄していた地域調整委員会と国が管轄し郡単位で失業給付受給者に対する具体的な雇用施策の方針が検討されていた郡労働市場協議会が一元化するかたちで構成員もほぼ引き継ぐかたちとなっている。全国労働組合連合会（ＤＡ）と全国経営者連盟（ＬＯ）からは各三名、全国障害者協会からも二名の選出が認められた。基礎自治体からの推薦委員は二名で、主に地域の職業訓練学校やビジネス団体から選出された。地域雇用協議会は、地域調整委員会時代と同様に引き続き国からの補助金による地域労働市場に適応した雇用創出や教育事業、事業に関わるスタッフの情報共有などのプロジェクトを決定する機関として機能した。加えて、ジョブセンターが作成した「年間結果報告書」などを検討し、ジョブセンターが実施する雇用施策の変更も助言する権限も与えられ、地域雇用政策への独自の影響力をもつ存在といえた（加藤 二〇一六）。

国には全国雇用協議会（Beskæftigelsesrådet）が設置され、事務局を構成する雇用省、難民・移民統合省（当時）からの助言を下に、構成員は主に地域雇用協議会の構成団体の全国組織によって担われ、全国的な「年間雇用目標」の協議、雇用施策に対する全国的なモニタリングなどを主要な業務とした。これらの全国の雇用施策の状況と結果を「雇用政策報告書」としてまとめ雇用省に提出した。独自の実験的なプロジェクトの発案に際しては助成金も用意されていた。また広域県単位では、広域県雇用協議会が設置され、構成委員は同様に地域雇用協議会構成団体の地域組織によって担われ、雇用広域県の助言機関として、主に雇用広域県が分析するジョブセンターの情報を検討し、今後の施策方針を助言する役割となった。

(4) 中道右派政権によるワーク・ファースト・アプローチの影響

二〇〇〇年代の中道右派政権によるワーク・ファースト・アプローチは、移民・難民による待遇の厳格化によって就労と福祉給付の権利を紐付け、社会給付受給者全般に対しては、適合区分の導入など、より雇用を志向したプログラムを編成するための制度改革を進めた。またその実践的手段として公共機構の合理化とあわせた社会政策・雇用政策のガバナンスの一元化が主要な制度設計のデザインであったとみることができる。

二〇〇一年から引き続き経済状態は良好で、低水準を維持してきた失業率は二〇〇八年の金融危機を契機に再び上昇した。二〇一〇年には政府は景気減退による国庫歳入の減少を理由に失業給付の受給期間を四年から二年に削減した。先述した雇用政策の主要な方向性を示す「年間雇用目標」は二〇〇八年度から標榜されたが二〇一一年度までの最優先目標は、一貫して「失業給付受給者の労働市場への早期復帰」となっている。結果的に経済情勢の変化も伴って、積極的社会政策はそのガバナンス改変後も失業給付受給者対策がその中心であったといってよい。

表2は、二〇〇七年から二〇一二年にかけての公的扶助受給者のアクティベーション実施一年後の適合区分別雇用率（デンマーク人）を表した。ここでの雇用とは何かしらの就労もしくは教育課程への編入などを含む数値である。グループ1では、金融危機のあった二〇〇八年に三一・八％と落ち込んだが、その後四〇％前後に回復している。一方、グループ2ではいずれの年も二〇％を超えず、グループ3では一〇％を超えない水準に留まっている。

図4は、二〇一二年の適合区分ごとの年齢別（五歳）によるアクティベーション実施一年後の雇用率

表2　アクティベーション実施1年後の適合モデル別雇用率（2007〜2012年）

区分	2007年	2008年	2009年	2010年	2011年	2012年
1	43.00%	32.80%	36.60%	39.90%	42.50%	43.40%
2	17.30%	12.30%	12.20%	13.80%	15.60%	17.00%
3	6.00%	3.10%	3.10%	4.80%	6.80%	6.70%

出所：Jobindsatsより筆者作成。

（デンマーク人）である。グループ1では、一六〜一九歳の六九・一％から三〇〜三四歳の三三・四％に一気に低下して、その後の年齢層は三〇％を下回り、二〇％台を緩やかに低下している。これらの数値からも、平均数値を上回る効果を示しているのは、一六〜二九歳の年齢層だけとなり、グループ2、3ともに同様のことが観察できる。

これらの結果から、第一に、労働市場経験のない、または少ない若年者に対してアクティベーションが一定程度の効果があったたことはうかがわれる。また、若年者支援の成功事例の多くは、ジョブセンターの設立とともに民間の教育訓練学校のメンターの導入や地域企業とのネットワークが広がったことによるインターンシップなどの活用が広範に及ぶことで、若年者の労働市場への間口が広がったことが報告されている（加藤二〇一六）。地域に存在する成人教育機関などが地域雇用協議会のプロジェクトと連動して成功事例を積み重ねている点は、一連のガバナンスの改変が就労支援のプロセスにも一定程度の効果があったことは予想できる。また、就労支援のみならず、就労以前に必要な生活訓練等のプログラムを通じて、教育

図4　アクティベーション実施1年後の年齢別による適合モデル別雇用率（2012年）

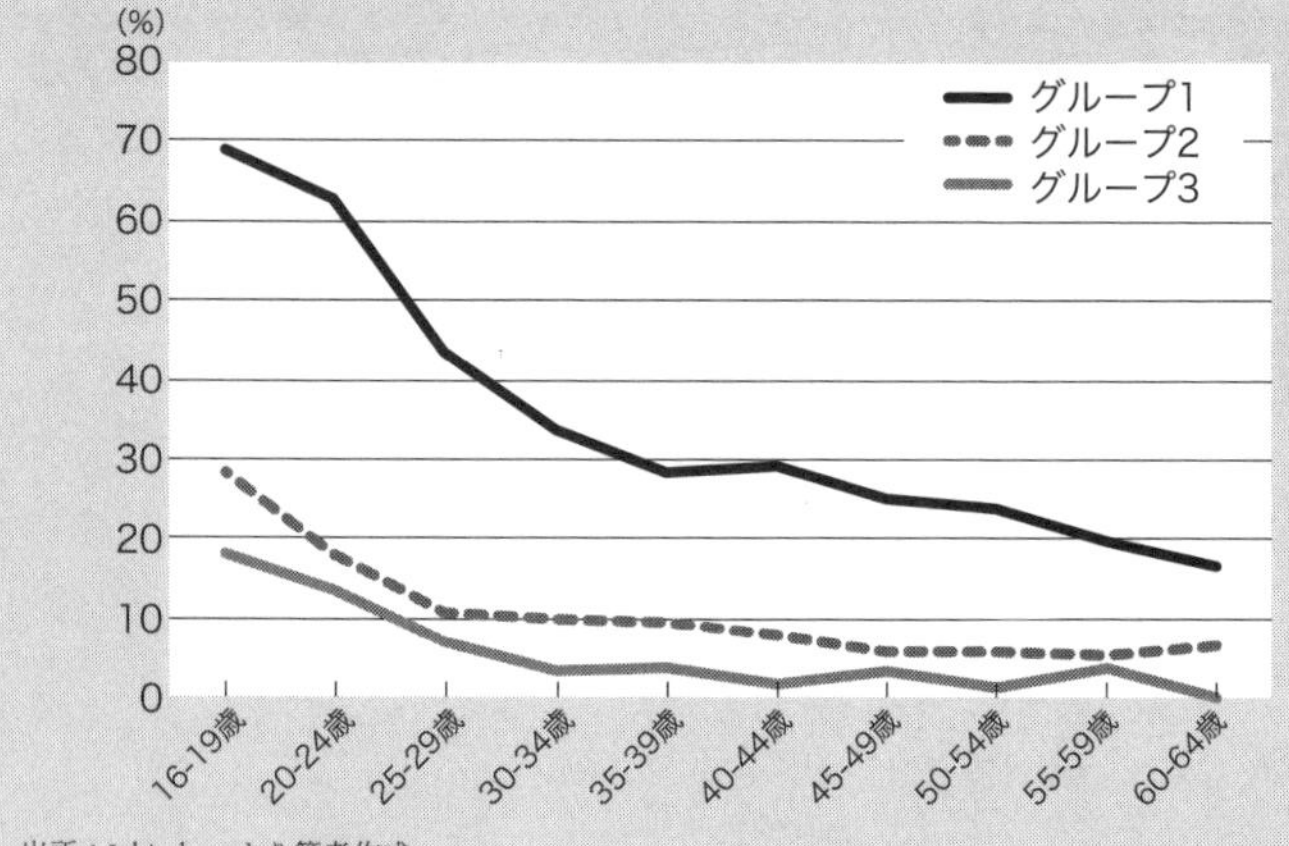

出所：Jobindsatsより筆者作成。

程度の低い者に対して、教育課程への参入に一定の成功を収めていることも大きい。彼らは、就労以前にコミュニケーションや生活習慣などで問題があるケースが多く、彼らに対しては、教育課程への参入を目標としたプログラムによって、彼ら自身の人生計画に基づいた教育への動機付けや就労意欲の向上が、一定程度可能であり、労働市場への階梯として一連のプログラムが準備されているといえよう。

一方で、中高年層の公的扶助受給者に関しては、マッチグループ1に属するような者にも、アクティベーション・プロセスがあまり効果を見せていない。一定の職業資格をもっている者でも、技術の陳腐化などで失業を繰り返す者に対して、企業が雇用する動機は少ない。こうした厳しい労働市場の現実にあって、中高年の公的扶助受給者が就労意欲を失っていき、アクティベーション等の個別行動計画の実行への意欲も失う。ケースワーカーとの面談でも、公的扶助の受給資格を得るためだけの自身の意図とは沿わない職業訓練のプログラムを繰り返すケースも少なくない。こうした繰り返しは、彼らに人生への展望を低下させるだけでなく、抑うつやアルコール依存などさらに事態を悪化させるリスクを拡大させている。彼らに必要なのは、健康支援や生活支援、生活設計の再構築など就労支援以前の精神的・肉体的コンディションを整えていくことが優先課題といえる。

ジョブセンターのケースワーカー側からすれば、個々のアクティベーションのプログラムを組み込む過程で、当然のことながら、その時々の地域労働市場の状況や、それらによって規定される現場実習、職業訓練などをプログラムとして構成していかざるをえない。こうした制約が、ケースワーカーが提示する個別行動計画の選択の幅を狭め、受給者のニーズに寄り添えない原因となり、双方の信頼関係を損ねている可能性を彼ら自身も認識している（加藤二〇一四）。

(5) 負の社会遺産――公的扶助受給者の世代間継承

またこの時期、中高年層の公的扶助受給者が労働市場から取り残される傾向が続くことで彼らの下で生まれた子どもが再び公的扶助受給者となるような世代間継承の問題も指摘されはじめた。デンマークでは「負の社会遺産（Negative Social arv）」と呼ばれ、すでに一九九九年の首相年頭演説でポール・ニューロップ・ラスムセン首相（社会民主党）が、親の状況によって子どもの成育や職業に影響を及ぼされることへの懸念を示しており、二〇〇二年一〇月の首相による国会冒頭演説においてもアナス・フォー・ラスムセン首相（自由党）も同様の懸念を示していて、社会階層の固定化に関わる問題意識は中道左派、右派政権に関わりなく共有されていた。

また、移民・難民への待遇の厳格化は、国内の移民・難民層の貧困化に拍車をかけたといえる。特に目立った事例として、都市郊外にある公的扶助をはじめとした社会給付を受ける移民・難民が集住する社会住宅地区の住民の貧困化である。デンマーク第二の都市オーフス市郊外にある国内最大級の社会住宅地区であるゲラップ地区は、一九九〇年代より窃盗や恐喝、ヴァンダリズム等が多く発生してきた。二〇〇七年時点で全住民の八六%が非西欧圏移民で構成され、この地区では一九歳から五九歳までの年齢層の五六%が失業状態にあり、住民の約二〇%が貧困線(地域平均所得の五五%)を下回る水準にあり、国内で最も貧困状態が深刻な地区として認識されていた。二〇〇八年には地区内で放火とみられる火災が発生後、周辺地域にも不審火などが二〇件以上起こる事態となった。全国の都市郊外の社会住宅地区でも二〇〇〇年代以降、移民・難民への強まるプレッシャーに対して、二世、三世によるヴァンダリズムや窃盗、放火などとなって頻発した。自らが育った社会住宅地区の貧困状況がデンマーク社会に対する怒りや不公平感を誘発しているといえるだろう(加藤二〇一九)。

中道右派政権時代(二〇〇一〜一一年)のワーク・ファースト・アプローチは、公的扶助受給者の「雇用」を通じた社会統合を目指していたといえるが、若年者層に対して一定の効果が認められた一方で、中高年層、移民・難民層の公的扶助受給者に対しては社会的孤立を深めた傾向にあったといってよい。公的扶助受給者の子どもの負の世代間継承が進み、移民・難民の二世・三世に至っては、放火、窃盗やヴァンダリズムといった反社会的な活動によってますますデンマーク社会との溝を深めている。

4 中道左派政権による社会投資アプローチ（二〇一一～一五年）

(1) 教育援助制度の導入

二〇一一年の総選挙で、社会民主党を中心とした中道左派政権が一一年ぶりに誕生した。首相となったヘレ・トーニング＝シュミットは、二〇一二年に「新移民向け扶助制度」や「三〇〇時間規定」を廃止し、難民・移民統合省も廃止した。またデンマークで生まれ育った移民二世、三世に対しては、親の市民権の有無に関わらず、帰化に関わるさまざまな手続きの負担を軽減するなどの法案を通した。これらの政策の背景には、中道右派政権のワーク・ファースト・アプローチが移民二世、三世の社会統合を阻んできたとの認識があった。加えて、二〇一〇年に導入された社会給付者への新適合モデル制度も廃止された。

中道左派政権は、ワーク・ファースト・アプローチへの対抗措置として、社会投資アプローチを選択するが、特に大きな制度改革となったのは先述した「負の社会遺産」の予防を意図した「教育援助」制度の導入であった。中道左派、右派陣営ともに問題意識を共有していたこの問題に対して、二〇一三年に与野党合意（政府、自由党、デンマーク国民党）が結ばれ、公的扶助の受給条件を満たす三〇歳以下の若年者に対して、「教育援助（Uddannelseshjælp）」という新たな制度の設立が合意された。教育援助の対象者は、後期中等教育を中退、もしくは受けていない者で、従来の公的扶助ではなく、SUと呼ばれる正規教育課程の学生への生活支援金が支給され、正規の教育課程に編入できるための基礎教育などが提供されることとした（Beskæftigelsesministeriet 2013）。

なお、その支援内容の階梯として、①相談支援、②生活援助、③活動支援、④教育準備といった段階を経て、⑤正規後期中等教育課程に編入できるための基礎教育プログラムを受け修了する。達成目標である正規後期教育課程編入後もＳＵの支給は継続され、修了後に雇用斡旋に結びつける、という労働市場への階梯を意識した段階的な支援プログラムとなっている。①相談支援の段階では、まずケースワーカーと気軽に話ができるような関係を構築するところから出発する。②生活援助の段階では、対象者の多くが、実家から離れ住居も定まらないような者が多いことから、住宅支援などを含む生活上の支援に関わる相談、実施が図られる。③活動準備の段階では、複数人数の集団の中で、同じ学習プログラムを受け、教師や集団生活におけるコミュニケーションを身につけるなどの基礎教育を受けるための様々な準備を行う。④教育準備では、主に、後期中等教育課程に入るための、読み書き計算などの基礎的なリテラシーを、個々の学力に合わせて、学び直す課程となる。⑤の正規後期中等教育課程への編入をもって「教育援助」のプログラムは修了する（加藤二〇一六）。

この支援プログラムは、中道右派政権時代の雇用斡旋等に偏重した固定的なプログラムから、対象者とのカウンセリングや生活支援を柔軟に展開できる内容といえる。一方で労働市場への参入を目標とした階梯に「教育」を位置づけ、職業資格等の参入資格を得ることを最終目標としていることからも、長期的かつ連続的な支援が求められる。また生育環境等でデンマーク社会の価値観にアイデンティを感じず、その探求が複雑で深刻な状況を抱えている移民・難民二世にとっては「教育」を通じた労働市場への参入までの長い階梯は苦痛であり、決して有効な処方箋とはなりえないことは複数の調査報告等からも推測される(加藤二〇一九)。

(2) 教育援助制度に伴うガバナンスの変更

「教育援助」におけるサービスの対応部署は、ジョブセンターの公的扶助の担当部署から切り離され、相談支援や基礎教育を受ける機会を増やすために、できる限り社会福祉事務所や高等学校などが隣接する場所に、新たに「若年者連絡センター(Unge Kontakten)」が設置されることとなった。隣接する教育機関などと連携して、教育援助を受ける若年者のサービス窓口として機能している。二〇〇〇年代の中道右派政権時代は、職業斡旋、職業教育や訓練の充実を通して、雇用政策と社会政策が強調されてきたが、中道左派政権では、若年者支援における生活支援や基礎教育に注目し、社会政策と教育政策の連携を強調したガバナンスに変化したことからも政権の社会投資アプローチの立場が看取できる。

このように教育に重心を置いた政策への変化の一方で、従来の地域雇用政策協議会への補助金は顕著に減少した。雇用省大臣は、二〇一三年一一月の地方選挙終了後、地域雇用協議会委員の任期が替わる二〇一四年度から地域雇用協議会への補助金の停止を正式に発表した。政府は、二〇一二年に左翼政党の統一リスト党(赤緑連合)と若年者向け支援(Ungepacke)と、新労働市場サービス(Ny arbejdsmarkedsydelse)と社会的な脆弱者に対する支援政策パッケージを実施する合意に至っており(Beskæftigelsesministeriet 2012)、その予算措置における優先順位において、地域雇用協議会への補助金を停止すると説明した。

二〇一四年以降の地域雇用協議会の活動については、各地域雇用協議会、基礎自治体議会に判断が委ねられ、一部の地域雇用協議会では、基礎自治体が予算を捻出し事業を実施しているが、多くは、年一回から数回の情報交換、またはジョブセンターからの報告を受けるなどの活動に縮小している。またこの時期に地域雇用協議会構成員の全国組織の多くは、国全体の雇用状況の変化、都市への雇用集中による通勤等の広域化などの状況の変化から地域雇用協議会の存在意義を見い出せなくなった。事実上の地域雇用協議会の機能停止に伴って、四つの広域県雇用協議会の機能を移行して、二〇一五年一月から、八つ（北ユラン、西ユラン、東ユラン、南ユラン、フュン、首都、シェラン、ボーンホルム）の新たな広域労働市場協議会（De regionale arbejdsmarkedsråd）が再編成された。金融危機以後のさらなる都市部への雇用集中のための通勤圏の広域化や、それに対応するための各ジョブセンター間の連携などが進んでおり、広域化する地域雇用問題に対応する協議機関として再編成された。また、四つの雇用広域県も、三つの労働市場局（Arbejdsmarkeds-kontorer）として編成された（加藤二〇一六）。

(3) 二〇一五年コペンハーゲン連続銃撃事件

「教育」を軸とした社会投資アプローチを打ち出していく一方で、移民政策の軟化や脆弱な政権基盤によって自らの政策を譲歩させられる場面も多かった中道左派政権の支持は低迷し、移民排斥や高齢者保護を訴え、前自由党政権では閣外協力で厳格な移民法制を推進してきた極右勢力であるデンマーク国民党を勢いづかせる結果となった。デンマーク国民党は、老齢年金受給者や低熟練の若者などから支持が厚く、移民・難民が福祉給付を受けることに対する彼らの反感を吸収してきたといえる。また、二〇一一年に勃発したシリア内戦のため、多くの難民がヨーロッパへ流入する状況下、その受け入れをめぐって厳格な措置を訴えていた。

国政選挙を控えた二〇一五年の二月一四日・一五日、コペンハーゲンでパレスチナ難民の親をもつ二世による計九名を殺傷したデンマークの歴史でも未曾有のテロ事件が起きた。その前月、フランスで起きたシャルリ・エブド事件の当事者である漫画家がデンマークに滞在しており、彼を狙っての犯行であった。実行犯は、コペンハーゲン郊外に移民・難民が集住するミュルナーパーケン社会住宅団地に生まれ育ち、デンマーク社会に対する疎外感を抱いていたとされる。その衝撃も冷めやまない三月、突如、自由党は「四五万四二一五クローネ」という数字を掲げた広告キャンペーンを全国的に展開した。公的扶助を受ける三人の子供を持つ移民の五人家族が、一年間で受給する金額（約八〇〇万円）だというものだった。後にこの数字は根拠が明確でないことが指摘されたが、社会民主党も、この直後に難民に向けて「デンマークに来るあなたへ。あなたは働かなければなりません。」といった明らかに選挙を意識した広告キャンペーンを展開した。こうした主要政党の動きに危機感をもった移民二世を中心に構成された「国民党」からの国会議員立候補の要件を満たすための署名運動がおこり報道が過熱するなど、二〇一五年の六月に実施された国政選挙の争点は、「移民・難民問題」一色となった感があった。結果は、社会民主党が第一党ながらも、デンマーク国民党が第二党に大躍進し中道右派連合が勝利した。財政支出の増加を望まない自由党に対して、福祉支出の充実を望むデンマーク国民党は閣外協力にとどまり、第三党の自由党が単独内閣を組閣した。自由党政権の発足直後、再度、移民・難民を扱う独自の行政機構として「難民・移民・住宅省（Udlændinge-, Integration og Boligministeriet）」が立ち上がった。組閣早々に、シリア内戦等で急増する難民の支援金を半分にすることや、永住権獲得のためのデンマーク語レベルのさらなる向上、待機期間を五年に引き上げ、公的扶助受給を受ける移民・難民の受給条件を厳格化するなどの措置に出た。[6]

5 積極的社会政策の下の社会的分断

デンマークでは一九七三年のオイルショック以降の長期的な経済不況によって、慢性的な構造的失業問題に悩まされ続けた。一九八〇年代から、これらの問題は産業構造や労働市場等をめぐる構造的問題として、ケインズ主義的経済対策から離れ、供給サイド理論に依拠した経済・社会政策の導入に向けて社会的合意が徐々に図られていった。

一九九三年に中道左派政権が樹立すると積極的社会政策が導入され、社会給付受給者への就労斡旋や職業教育・訓練等の活動が義務付けられた。ただし受給者の技能を向上させる「教育」を軸としたエンパワーメントが基調だったといえる。二〇〇一年より一〇年間続いた中道右派政権では、就労義務を強調する福祉契約主義的な理念が拡張され、その主要施策として、公的扶助制度にあった移民・難民層の待遇を既存の社会行政の管轄から離し独自の省庁の管轄下でその待遇を厳格化させた。併せて社会給付受給者への「適合区分」に代表される就労優先のアクティベーション・システムを導入し、ワーク・ファースト・アプローチを前面化させた。これらのアプローチを実践するために、すでに一九九〇年代から試行された雇用・社会政策の地方分権化を二〇〇七年の地方制度改革と連動させ、これまで国が管轄してきた雇用サービスと基礎自治体が管轄してきた社会サービスの窓口を基礎自治体に設置されるジョブセンターに一元化するガバナンスの改変が実施された。

一連のアプローチが進められる中で、一九九〇年代半ば以降、「デンマークの奇跡」と呼ばれた経済成長を実現し、失業率は急減し、若年者を中心に公的扶助受給者数も減少した。

一方で、就労支援以外の健康や医療的ケアが必要な中高年層、または言語や生活状況等で困難な条件を抱えていた非西欧圏移民・難民層は公的扶助受給者として依然取り残された。やがて、これらの公的扶助受給者の子ども世代が成人後も公的扶助受給者となることに象徴される「負の社会遺産」と呼ばれる貧困、教育程度等の世代間継承が顕在化した。特に移民・難民層への厳格な待遇は貧困化を促したとされ、彼らが集住する社会住宅地区では二世・三世による都市型犯罪が頻発した。

二〇一一年に政権に返り咲いた中道左派政権は、移民・難民層に対する待遇を軟化させ、三〇歳以下の公的扶助受給者に対して「教育援助」制度を導入するなど、若年者への「教育」を中心とした社会投資アプローチを打ち出した。しかし、二〇一五年二月のコペンハーゲン連続銃撃事件に代表されるように、移民・難民二世・三世の社会統合問題はより深刻な事態をむかえていることを顕在化した。

これらの経緯を紐解けば、オイルショック以後の二〇年間は、公的扶助の「予防」としての失業給付制度の拡充、積極的労働市場政策導入後は若年者を中心とした早期の労働市場参入、二〇一四年の公的扶助制度改革も若年者の教育程度向上による労働市場参入資格の獲得と、公的扶助の「予防」路線は一貫してきたと考えられる。この間、二〇〇八年の金融危機などを経験し一時的に失業率が上昇しながらも二〇一三年以降は減少傾向にあり、概して一九九〇年代からの積極的社会政策は、長期失業者や若年者の労働市場における周辺化の解決には有効であったといえるだろう。とはいえ、労働市場の外側に取り残された公的扶助受給者や、その子ども世代の社会統合はむしろ困難の度合いを深めており、大きな社会不安をもたらす要因ともなっている。

デンマークは一九九〇年代以降、労働と福祉との連携の中で転換するヨーロッパ福祉国家の中でも経済成長と社会的平等を両立するモデルとして目されてきた。その国で起きているこうした社会的分断は、今後のデンマークの福祉社会にどのような変質をもたらすのだろうか。これからの福祉国家の可能性と限界の一つの像を示してくれるかもしれない。

［注］

1 デンマークでは、公的扶助受給者や障害年金受給者等への就労支援等に関わる施策について、一九九八年に制定された「積極的社会政策法（Lov om aktiv Socialpolitik）」で規定されている。

2 通称LO。一八九八年に結成。二〇一五年一月時点で労働者人口の約半分の約一一〇万人が所属、民間セクターの関連一八組合が加盟していた全国最大の労働組合中央組織（菅沼二〇一二）。二〇一九年一月に職員・公務員共同会議（FTF）と合併して、デンマーク労働組合同盟（Fagbevægelsens Hovedorganisation）に改称（通称FH）、合計で七九組合、約一四〇万人の組合員が所属している。

3 積極的労働市場政策への支出は二〇〇〇年にGDP比で一・六％でオランダに次ぎ、二〇〇五年にはGDP比で一・八五％まで伸びOECD諸国中で一位となった（OECD 2003・2008）。

4 通称DA。一八九六年結成。二〇一五年一月時点、約二万八〇〇〇民間会社が所属、一四の使用者団体が加盟する使用者団体中央組織。なお本文中の全国工業連盟（通称DI）は最大の所属団体である。

5 通称FTF。一九五二年に公務員や学校の教師、幼稚園教諭、看護師や福祉ワーカーなどを中心とした職員による労働組合の全国組織として結成された（菅沼二〇一二）。二〇一九年一月に全国労働者組合連合（DA）と合併時に七〇組合が加盟し組合員総数は約五〇万人であった。

6 二〇一五年に発足した自由党政権は、二〇一九年六月の国政選挙で中道左派陣営に破れ下野した。社会民主党による単独政権が発足した。メッテ・フレデリクセン首相は、就任以前より難民の制限のない入国に対しては否定的な立場で、また中東系の移民難民の社会統合が進まない背景にイスラム教信者がデンマークの司法制度を尊重していないとの声明を出し論議を呼んだ。

〔参考文献〕

アナセン．V．R（一九九九）「付　デンマーク社会福祉の道」橋本淳編（一九九九）『デンマークの歴史』創元社、一九八―二〇七頁。

グル・アンダーセン．J（二〇〇五）「「市民権」の政治」山口二郎・宮本太郎・坪郷實編著（二〇〇五）『ポスト福祉国家とソーシャル・ガヴァナンス』ミネルヴァ書房、一六三―一九五頁。

加藤壮一郎（二〇一四）『デンマークのフレキシキュリティと社会扶助受給者――就労支援のガバナンスとプロセスを中心に』埼玉大学大学院経済科学研究科（博士論文）http://sucra.saitama-u.ac.jp/modules/xoonips/detail.php?id=GD0000515
――（二〇一六）「デンマーク・積極的労働市場政策における雇用政策・社会政策ガバナンスの一元化の過程～地域調整委員会から地域雇用協議会までの展開を中心に」『公共研究』一二号九一―一四八頁。

加藤壮一郎・水島治郎・嶋内健（二〇一九）「デンマーク・社会住宅地区におけるゲットーゼーション：社会住宅地区への複合的な政策アプローチの変遷と現状」『住総研研究論文集・実践研究報告集』四五号一六五―一七六頁。

倉地真太郎（二〇一八）「デンマーク国民党による排外主義的福祉・税制：２００４年税制改革をめぐって」『北ヨーロッパ研究』一四号一－一一頁。

嶋内健（二〇〇八）「デンマークにおけるアクティベーション政策の現状と課題」『立命館産業社会論集』四四巻二号八一－一〇二頁。

菅沼隆（二〇一一）「デンマークの労使関係と労働市場：フレクシキュリティ考察の前提」『社会政策』三巻二号五－二一頁。

Arndt, C. (2013), The Electoral Consequences of Third Way Welfare State Reforms: Social Democracy's Transformation and its Political Costs (Changing Welfare States), Amsterdam: Amsterdam University Press.

Beskæftigelsesministeriet. (2012), Aftale mellem regeringen og Enhedslisten om En ungepakke – Uddannelse og konkrete joberfaringer skal få unge i job, København: Author.

Beskæftigelsesministeriet. (2013), Aftale om en reform af kontanthjælpssystemet– flere i uddannelse og job, København: Author.

DA. LO. FTF. SALA. (2004), Høring om forslag til lov om ansvaret for styringen af den aktive beskæftigelsesindsats og forlag til lov om ændring af lov om en aktiv beskæftigelsesindsats, København: Author.

Giger, N. (2011), The Risk of Social Policy? The Electoral Consequences of Welfare State Retrenchment and Social Policy Performance in OECD Countries, London & New York: Routledge.

Goul Andersen, J. (2003), Farligt Farvand: Vælgernes Holdninger til Velfærdspolitik og Skatter, in Goul Andersen, J. & Borre,O. eds, Politisk Forandring: Værdipolitik og Nye Skillelinjer ved Folketingsvalget 2001, Århus: Systime. pp.293-314.

Greve, B. (1999), The changing universal welfare model: the case of Denmark towards the 21st century, Roskilde University.

Madsen, P, K. (2007), Distribution of Responsibility for Social Security and Labour Market Policy, County Report: Denmark, Amsterdam Institute for Advanced Labour Studies working papers No.07-51.

OECD (2003), Employment Outlook 2003, OECD Publishing.

―― (2008), Employment Outlook 2008, OECD Publishing.

―― (2009), Territorial Reviews Copenhagen, OECD Publishing.

Pedersen, O, K. (2006), Corporatism and Beyond: Negociated Economy, in Cambell, J. L. and Hall, J. Pedersen, O, K. eds, National Identity and the Varieties of Capitalism, McGill-Queen University Press, pp.245-270.

The Ministry of Economic and Business Affairs in Denmark (2003), The Danish Regional Growth Strategy 2003, København: Author.

Udredningsudvalget (Zeuthen-udvalget) . (1992) , Rapport fra udredningsudvalget om arbejdsmarkedets strukturproblemer (Sammenfatning + del I-IV) . København: Udredningsudvalget, sekretariatet.

［参考サイト］

デンマーク統計局（Danmarks Statistik）http://www.dst.dk/

デンマーク労働市場データ（Jobinsats）https://www.jobindsats.dk/

光のほうへ　～見えない人々へのまなざし

幸福度No.1、豊かな社会福祉　…現在、デンマークは日本だけでなく世界を魅了する国であるようだ。しかし、そんな「光」にあふれたデンマークにも「影」の部分はある。デンマーク出身の世界的な映画監督トマス・ヴィンターベアは、2010年に『光のほうへ』を発表した。原作は、デンマーク気鋭の若手作家ヨナス・T・ベングソンの小説『SUBMARINO』で、表題は、「水の中に無理やり頭を沈められる拷問」のことを意味する。

映画の冒頭、真っ白な画面から生まれたての赤ん坊が小さな手を伸ばす。その手を握り返す二人の兄弟の手の爪は薄黒く汚れている。10代になったばかりの彼らは、公的扶助を受けながら生活するアルコール依存症の母親からネグレクトを受けながら暮らしていた。教会の洗礼を真似し赤ん坊の誕生を祝福する彼らに待っていたのは、この小さな兄弟の突然の死であった。舞台は現代へ移り、兄ニックは自治体が提供する臨時宿泊施設で酒とジムでの筋トレで日々を過ごしている。筋トレもまた公的扶助受給者に課せられる「アクティベーション」のメニューの一つだ。ニックの弟は、妻を交通事故で亡くし幼子マーティンを一人で育てていたが、ソーシャルワーカーから養育能力を問われ児童施設への入所をほのめかされた。彼は公的扶助の受給を断り、職を探すがかなわず、やがてクスリの仲介に手を染める。彼もまた麻薬依存症者であった……。公的扶助受給者の子どもたちが公的扶助から抜け出られないことに象徴される貧困や教育程度の世代間継承はデンマークでは「負の社会遺産」と呼ばれ、社会問題となっている。

現在、世界中の映像作家たちが生きるのが困難な世界で苦しむ家族、子ども、女性を描いた作品を数多く発表している。2018年のカンヌ映画祭では日本から是枝裕和監督の『万引き家族』がパルム・ドールを受賞した。審査委員長の女優ケイト・ブランシェットは「今年の大きなテーマはインビジブル・ピープル（見えない人々）だった」と総括した。表現者たちがこうした「見えない人々」の存在を問題提起するなか、これからの福祉社会はどのようにその存在を見つめ包摂することができるのだろうか。

おわりに

篠田徹

以下では、研究会の主査としてのコメントというよりも、論文を逸早く拝読する恵まれた立場として、またそれを巡る豊穣な議論に加われた幸ある者として、それぞれの論文を短く紹介したい。

ただしこれから述べる論文の順番は、一応本書の目次に沿った形になっているが、この論文集の醍醐味は、家を建てることに例えて言えば、梁の組み方を変えれば、幾多の別の目次がありうるほど、互いに話が繋がるように様々な論点の臍《ほぞ》が彫ってある。この臍に別の梁を通して、読者が自身で目次を組み立て直すのも、この本を読む時のこの上ない一興となろう。

また以下で筆者が言及する内容は、時として各論文において明示的ではないかもしれない。けれどもそれはあくまで研究会での議論を根拠にしているもので、筆者の独特の理解の仕方の結果として多少盛ってはいても、必ずしも筆者の一人合点という訳ではないことを断っておく。

まず森論文だ。ドイツにおける低賃金労働者の実相に迫るため、ドイツで増大する非典型労働のなかでも重要な「僅少労働(ミニジョブ)」に注目する。ではなぜ「僅少労働」が重要なのか。森論文はその扱われ方の変化を強調する。

というのも僅少労働はワイマール時代からあり、僅少労働者の研究も存在したが、第二次大戦後も特に一九七〇年代からは重要視されてこなかった。それが一九九〇年代のドイツにおける福祉改革で、この僅少労働に公的扶助の上乗せ受給が認められてクローズアップされることになった。

それまで僅少労働はあたかも一つの働き方として、ドイツ人の日常の中に溶け込んでいたのが、ここに来て低賃金労働という社会問題の中に放り込まれ、この働き方の是非はともかく、ドイツにおける生活保障の重要な政策対象となったという訳だ。

ここにおける一つの大きな文脈は、公的扶助受給者も働くべきであり、まずは中間就労的な意味で僅少労働が位置づけられていることだ。公的扶助と僅少労働のミックスには、働かない人びとの存在をもはや許容できない社会の底流が見え隠れしないか。そこにはベーシックインカムなど就労を選択の問題と考える流れとの位相も浮かんでくる。

森論文は、僅少労働という伝統的なライフスタイルが福祉改革の渦に巻き込まれる様子を描きながら、労働と福祉の関係において、それまで互いの間にグレーンゾーンがあったのが、二十世紀末の福祉改革で二つがオーラップし、それも労働が主で福祉が従であるかのようになっていることを示唆している。

それまでいわばひっそりとドイツ人の日常の一部となっていた僅少労働にとって、いきなり労働と福祉がクロスオーバーする現代政治の矢面にひっぱりだされて何かふって沸いた迷惑な話にも聞こえるが、これに次の石塚論文を重ねると、そうでもない僅少労働のそれなりの現代労働市場的な合理性や存在価値が見えてくるから興味深い。

石塚論文は、ドイツ経済システムの理念型とされてきた製造業中心の雇用システムが、他の産業にもあてはまるのかという設問から出発する。そこで石塚論文は、他産業として内需指向型の小売業の雇用システムに着目する。

ここで内需指向型を取り上げるのは、先の設問を考えるうえで非常に重要である。というのもドイツの製造業における雇用システムの高い評価は、それが海外の評価に販売動向が左右されるが故にコンプライアンス重視になりやすい外需指向という、その産業特性に由来すると考えるからである。

実際ドイツの小売業では、近年先鋭的なディスカウントストアーの高成長で従来の小売システムが破壊的な影響を受けている。この価格優先主義は、これらの職場における頻繁な労働移動とその結果としてそれらの職場が規制の網から漏れてしまう現実を惹起している。つまりハーシュマンの退出・発言モデルに従えば、辞めることで不満を個別に解消するので、職場の集団的なガバナンスが未発達となる。別言すれば極めて外部労働市場依存的な職場である。

これに対して内部昇進を主とする内部労働市場型の製造業職場は、強固な労使関係を基盤とする集団的なガバナンス機構が整備されている。

とはいえ加速化する産業構造転換への対応が必須の資本主義の世界で、政府も経営者も、そして時に労組も、労働移動の活性化は促進すべきであることに大きな異論はない。問題はそれをどこで行うかだ。ここに最近のドイツの小売業が、労働移動を活性化する集団的な調整機構として、事実上社会の要請に応えている現実が見えてこないか。

さらにここに先の森論文を重ねた場合、僅少労働の職場がこの最近の小売業に依存している状況が見えてきて、それは政府の政策を事実上引き受けている現実が理解される。つまり僅少労働の現代化は、福祉改革という政治的要請であると共に、外部労働市場の活性化というドイツ資本主義の経済的要請に応えたものでもあることがうかがわれる。

ではこれはグローバル化に伴い労働移動の加速化が求められる資本主義世界の必然的な流れといえるのか。この設問に重要な示唆を与えてくれるのが首藤論文である。

首藤論文に、労使関係のグローバル化の実相を国や産業や企業ごとに見ながら、その傾向を比較するという、グローバル化という全体的な潮流に対して、ローカルな対応の相違に注目する経路依存的な視点があるのは明らかだ。

この視点は重要だ。なぜならここに描かれている新自由主義化の流れがナショナルな労使関係を分権化する一方、それを補完するためにグローバルな労使関係を構築するというパターンを、自動車産業においてなぜドイツが先行したかを考えさせてくれるからである。

従来であれば、ここにこそ石塚論文が指摘する製造業中心型のドイツ雇用システムの面目躍如の事例があるとの答えが用意されよう。けれども森論文と石塚論文を読んだ我々は、そこで止まることができない。

ではなぜこうしたグローバル化に対応する雇用システムの状況が、同じ国の産業が違うとかくも異なるのか。もう一歩踏み込めばそれは偶然なのか。こうした問いは、首藤論文の日本の小売業のグローバル化への対応の部分を読めば当然浮かんでこよう。

ここからは独白だ。たとえばドイツの製造業における雇用システムは小売業のそれとセットなのではないのか。「製造業はこうなのに、なぜ小売業はそうなのか」ではなくて、「製造業がこうだから、小売業がこうなのだ」という補完関係ではないのか。

一方、日本の場合、果たして小売業の雇用システムは、製造業のそれと全く異質なのか。ドイツの場合、製造業型雇用システムというのは文字通り製造業に限定されるのに対して、日本の場合果たしてそう言えるのか。日本の小売をどこまで内需指向といえるのか、首藤論文が示唆するように、日本の小売業は外需指向の度合いを強めているのではないか。

製造業中心型の資本主義モデルとしてしばしば言及される日独だが、その比較の視点がここで見えてこないか。

この製造業中心型の資本主義モデルでは、北欧、特にスウェーデンの名前が挙がることもある。それはおよそ半世紀前、日本でも政策担当者を含め高い評価を得たショーンフィールドの名著『現代資本主義論』が、スウェーデンを「最も高度に発達した資本主義国」と論じたことからもうかがえる。むろん今日の北欧は、福祉国家とその改革の雄として論じられるのが一般的だが、この視点は忘れない方がよいかもしれない。

そこで山本論文だ。これはスウェーデンの福祉国家の現在を知るために、そのアクティベーション政策に注目するのだが、そこには、従来男性正社員を主たる対象として念頭に置いていた完全雇用政策としての労働市場政策が、労働市場弱者にその対象を移すことで、貧困対策の政策手段の色合いを強めているという見方がある。これは労働と福祉の関係、とりわけそのオーバーラップのありようを考えるうえで、極めて重要な点だ。

さらにいえば、スウェーデンの労働市場政策は、前述した「最も高度に発達した資本主義国」として、産業構造転換に伴う労働移動を前提とした予防的雇用システムの形成に努めたのに対して、近年は雇用弱者対策を強めてその資本主義レジームの包摂性を高める対応策へと重点を移しているというのが山本論文の主張と読める。

では以前労働市場政策の主な対象であった男性正社員の予防的労働移動対策の方はどうなったのか、当然そういう疑問は生まれよう。ここに西村論文がかぶさってくる。

西村論文のモチーフは、スウェーデンモデルの再検証にある。とりわけ先の「最も高度に発達した資本主義国」において死活問題のスピード感のある労働移動は、誰が担っていたのかという設問だ。

確かにこの点で、これまで日本で少なからず持たれていたイメージは、国家主導であり、余剰人員対策は政府の公的対応とその政策枠組みの下での労使対応という言説に支えられてきたことは否定できない。

だが西村論文によれば、実際にはそれは一九五〇年代に導入されたレーン・メードナーモデルを含め、当初から労使が中心的に対応してきたことだった。ただホワイトカラーから始まった労使の対応は、必ずしも当初の予定通りには進まず、ブルーカラーについては延び延びになっていたのが、ここに来て整備が進んだ。それが丁度山本論文の政府の労働市場政策の変容の時期と踵《きびす》を接することになる。

ここからは推察になるが、ブルーカラーを含めた典型労働者の移動全体を労使が担う態勢が整った時期と、移民や非典型労働など現在でも労使の集団的ガバナンスが未発達な領域では政府が対応する時期の同期化が偶然ではなく、そもそも労働移動をめぐる役割分担には棲み分けがあるのではないか。

この点で山本論文は、スウェーデン政治の興味深いパターンを紹介する。すなわちスウェーデンの労働政策や福祉政策は、大体中道右派政権の際に制度変更が行われることが多いが、それは必ずしも基本的に中道左派政権が敷いたシステムの変更を意味しない。むしろ制度の現代化が必要なことには一定の社会的合意が存在しながら、諸種の理由で中道左派政権では変えられない部分について手が加えられるという。

その意味で、スウェーデンの労働、福祉政策、特に労働市場政策は、左派が事前に設定したシステムを右派が事後に適宜修正し、結果として政策の中道化が起こるという。ここで大事なことは、右派にシステムを大きく変更する余地はないという点である。

これを参照するならば、最も高度に発達した資本主義国スウェーデンにとって、産業構造転換を前提とする予防的労使ガバナンスは基本であり、それを国家が労使の必要に応じて適宜サポートするのが基本だと考えることができるかもしれない。

この労働移動における労使の集団的ガバナンスの進化という点で、西村論文が、近年その産業大での制度運用が進みつつあるという指摘は極めて重要である。というのもスウェーデンもドイツや他の西欧諸国同様、労使関係の分権化が進んでいるといわれるが、それは賃金交渉など分野特化的な見方で、木を見て森を見ぬ的なリスクを負う議論であるかもしれないことを示唆している。

では近年国家が直接担当することになった雇用弱者、とりわけ移民や非典型労働者の対策は、役割分担論で片付く話なのだろうか。というのも政府が予算を割く以上、政治化は避けられない。それは安定した労使ガバナンスの比ではない。

ここに加藤論文の分析が光を放つ。加藤論文は日本を含め世界で盛んに研究された二〇〇〇年代のデンマークのフレクシキュリティの時期の労働と福祉の関係に焦点を当てる。ただ他の多くの論稿とは違って、加藤論文はアクティベーション政策から取り残され社会給付受給者となる一方、若年対策が進化するなかでそうした政策にもうまく対応できないが故に社会的バックラッシュに遭っている移民などへの対応不足というデンマークシステムの課題に着目する。

そこではそもそも移民であるが故に、労働市場政策に慣れておらず、そこから最も遠い存在になっている状況に対して、社会がその適応能力を疑問視し、そうした人びとの移民としての適格性を非難し、そうした存在自体を社会不安の原因と考える、いわば労働市場政策の排除の部分を背負わされる移民のスケープゴート化が進んでいるという。

加藤論文はこうした状況の確認にとどまらない。現地でのフィールドワークから感じた、デンマーク社会の強固な勤労文化とそれがもたらす無意識のうちに移民を他者視する傾向を、歴史的、文化的に探ることの大事さを主張することも忘れない。

以上、六つの論文を筆者なりに繋いでみたがいかがであろう。

それにしてもこうした創発的な議論が可能な論文集は、どのような経緯で出されることになったのか、興味を抱く読者もおられるかもしれない。ここでその辺のところを種明かししておこう。

かれこれ五年ほどが経つだろうか。生活経済政策研究所の大門正彦専務理事が筆者が勤める学校に足を運んできたくれたのは、確か晴れた日の午後だったと思う。しばらく休んでいた比較労働運動研究会を再開してはいかがというのが、その来訪の趣旨だった。

比較労働運動研究会というのは、およそ一五年前に、同じ生活経済政策研究所に設けられたもので、当時筆者と現法政大学法学部教授新川敏光氏（当時京都大学法学部教授）が共同で主査を務めた。

生活経済政策研究所というのは、その昔平和経済研究所と呼ばれた旧総評系の労働組合がサポートしていたところが、今のナショナルセンターの連合ができた新しい時代を迎え、名前も中身も刷新して新たな船出をした研究機関だった。

実際所内の研究会や研究企画では、当時若手研究者の間で関心が高まっていた社会民主主義や福祉国家の動向を探る意欲的な研究テーマが並んでいたように思う。

ただ依然として労働組合が主なサポーターであることには違いなかったので、何か労働組合や労働運動に関わるものを常設したい。それが研究会の主査を依頼された時の話だったと記憶する。

実はこの時、我々主査にはもう一つ大きな使命が与えられた。それは若手の政治学者を集めて欲しいということだった。

日本の労働組合は概してそうだが、特に総評あるいは総評系の労働組合というところは、学者、とりわけ政治学者や経済学者をブレーンにすることを好んだ。「戦後民主主義」というのは、ある意味その産物だった。

もっとも比較労働運動研究会を始める頃は、そういうことも少なくなり、労働組合と研究者の関係もかつてのいわば「同志的」な内在的な関係から、研究の主体と客体という外在的なそれに大きく移っていた。

生活経済政策研究所もそういうことはわかっており、以前に比べて大幅に減った若手の政治学者との接触機会を持ちたいというのが本意だった。

とはいえ当時労働政治を専門とする研究者は多くなく、若手の間ではとりわけわずかであった。それでも結果としてはヨーロッパ、アメリカ、アジアのそれぞれの国をフィールドにする新進気鋭の比較政治学者がこの研究会に集ったのは、研究はもちろん学会においても日本の政治学の屋台骨を支える存在であった新川氏のおかげである。

ではこのメンバーで比較労働運動研究をどう行うか。それぞれが専門とする各国の文脈の中で、労働組合と政治の関係を考察する。議論を重ねた結果、それが研究会の方法論となった。

二〇〇九年にミネルヴァ書房から出した論文集『労働と福祉国家の可能性』は、三年にわたる濃密な発表と議論の成果となった。

どこの国でも初発から働く者とその家族が良く生きるための社会をめざした労働運動、そのなかでとりわけ二十世紀後半の労働組合と政治の関係が、結局福祉国家をめぐる政治や政策の話に行き着かざるをえないという研究会の暗黙の了解が表現されたタイトルだった。

さらに言えば、ここに付された「可能性」というのは、研究対象である「労働運動」と「福祉国家」の間の関係性のそれだけではなく、「労働」と「福祉」を一緒に語ることの可能性をも指していたと思う。

この研究会で大事なことは、この広くて深い海原へ、己が専門とする研究分野のベースから漕ぎ出した時の意欲と気概であった。この冒険は決して気楽なものではない。優れた研究者ほどそうだ。

というのも多くの読者の方々には釈迦に説法な話で恐縮だが、学問研究というのは、石橋を叩いて渡るという意味で保守的なもので、論証には己が思考への謙虚さが求められる一方、他者との議論においては相手の思考へのリスペクトがなくてはならない。その意図せざる結果として、よくいわれる研究のタコツボ化はある程度やむをえない。

だが比較労働運動研究会では事態は逆に進んだ。己が考察への謙虚なふりかえりとその限界の認知がそれまでの領分を超える新たな疑問や設問を生み、仲間への学問的、人間的信頼がそれを忌憚なく吐露させ、答えを得たいという思いを一緒に議論することに託す。

こうして格好つけて表現すれば、優れた研究者同士の相互承認に基づく創造的かつ想像的な議論の累積、平たく言えば健全な遊び心で気の置けない仲間との真面目なおしゃべりの時間を楽しむというわば研究会の桃源郷のような空間が比較労働運動研究会の伝統となった。

その後、第二期として移民をテーマに、第一期とほぼ同じメンバーで議論を重ねた研究会は、それぞれ多忙をきわめてきたためしばらくお休みが続いた。そして冒頭の大門専務理事のお誘いがあったという訳である。

当時、以前のパートナーの新川氏は本務校で要職に付いており、東京、京都の頻繁な往復は難しい状況だった。そこで新たな共同主査をということになり、今や日本の労使関係、労働組合研究の屋台骨を支える貴重な存在である首藤氏にお願いしたところ、有難く快諾を得た。

これが普通の研究会とはひと味もふた味も違う、いってみればクセのあるところだということを申し上げたうえで、ご快諾いただいたのには、本当に頭が下がる思いであったと共に、こういう研究会だからこそ首藤氏に力を発揮してもらえ、かつ楽しんでもらえるのではという自分の見込みが必ずしもはずれていなかったことに安堵したことを覚えている。

こうして首藤氏と研究会の方向性について話し合った結果、次の二つを主眼にしてやっていこうということになった。

その一つとして、今度の研究では、上述した労働運動と政治を包む労働と福祉の接合領域に焦点を合わせたいと思った。これが筆者の単なる思い付きではなく、日本を含めた現代社会や喫緊の課題であり、政府の政策の要になりつつあることにはほぼ同意いただけよう。一方調べてみると、研究においてはまだ多くの蓄積がなされている訳ではないのも確かであった。

二つに、こういうテーマにした場合、福祉国家において先進的とされ、かつ先進国において福祉国家改革の重要な経験を積んでいる中欧、北欧の実情を探りたかった。これらの地域を選択したのには、労働、特に労使関係のありようが日本と類似している部分も少なくないという印象も大きく働いていた。

そして今回も研究会の優れたメンバーを選ぶうえで大きく貢献していただいたのは、筆者ではなく社会政策学会をはじめ、その関係分野の研究教育で大きな実績を挙げ類稀なネットワークを有する首藤氏であった。

確かに集まっていただいた五人の研究者は、皆さん社会政策学会において新進気鋭の若手として多いに活躍されておられる方々である。

またご専門の領域も、雇用と福祉をまたぐ社会政策、人事労務や事業運営などの企業経営、労働組合活動を含む労使関係など今回のテーマをカバーするに十分であり、さらに対象とする国々も、ドイツ、デンマーク、スウェーデンとこちらの注文どおりであった。

もう一つ付言すれば、筆者を含む研究会七名のうち、三名が女性で、大門専務理事からこの女性比率は生活経済政策研究所の研究会でもこれまで最も高いものとのお墨付きをいただいた。

ただ筆者が最も誇りたいのは、今回の研究会が前述した比較労働運動研究会の伝統、すなわち優れた研究者同士の相互承認に基づく創造的かつ想像的な議論の累積、平たく言えば健全な遊び心で気の置けない仲間との真面目なおしゃべりの時間を楽しむといういわば研究会の桃源郷のような空間を再現、いやさらに新たなレベルに引き上げることができ、かつそれを可能にしたメンバーを持ち得たということである。

その結果、研究会が目指した労働と福祉の接合領域に焦点を合わせた議論を中欧、北欧の文脈において展開する目論見は見事に達成された。

研究会の意図と議論を考慮しながら、関係してはいるが異なる内容で二回全員発表し、またゲストスピーカーにお二人来ていただき、さらにテーマについての議論を特段発表者なしで複数回行った。本当は、生活経済政策研究所に来て数年来すべての研究会に参加されてきた大門専務理事が、この研究会の議論は面白いとのご評価をいただいたそれらの話のリアルを再現したかった。

実際、研究会では最後までその方途について議論し、それぞれの回の議論を、各章にでるだけ反映させるべく、その時話題になった話のほんの一部を「コラム」という形で、加えることになった。議論の雰囲気が少しでも感じていただければ幸いである。

とはいえ各章は、それ自体一本の論文として完結したものであり、研究会での議論を聞かずとも十分に堪能できる内実を備えた論文である。

ただ中国唐代の詩人王績が五言律詩「野望」の一句「樹樹皆秋色」で描いた秋深まる林に屹立する木々の風景の如く、全ての章が並んでいるからこそ、その中でそれぞれの論文がすっくと立っている勇ましさが感じられる。

商売柄色々な論文集を手にしてきたが、こういう論文間の余白の中に、互いを繋ぐ緊張感のある、それこそ梁のようなものが見え隠れするのはなかなか見られない。

それにつけても、これらの泉のように尽きることのない知的好奇心をかき立てる議論を、掛け値なしに一番堪能したのは筆者である。その意味で、研究会のメンバーには適当なお礼の言葉が見つからない。

最後にこの貴重な機会をご提供いただき、これまでずっとサポートしていただいた大門専務理事をはじめとする生活経済政策研究所の皆様と、編集の難しいこの本の出版を、これは面白いとお引き受けいただいた旬報社の木内さんに深くお礼を申し上げたい。

そして最後の最後に、篠田さんはホンワリとした話をしゃべったり、書いたりするのが上手だからと首藤主査におだてられて書いたこの風変わりな「はじめに」と「おわりに」の文責はすべて筆者にあることを断っておく。

西村 純（にしむら　いたる）

（独）労働政策研究・研修機構副主任研究員。同志社大学大学院社会学研究科博士課程修了。博士（産業関係学）。労使関係論専攻。著書として『スウェーデンの賃金決定システム――賃金交渉の実態と労使関係の特徴』（ミネルヴァ書房、2014年。冲永賞受賞）、『現代先進諸国の労使関係システム』（共著、労働政策研究・研修機構、2017年）等。

森 周子（もり ちかこ）

高崎経済大学地域政策学部教授。一橋大学大学院社会学研究科博士後期課程修了。博士（社会学）。社会政策・社会保障専攻。論文として「ドイツにおける長期失業者とワーキングプアへの生活保障制度の現状と課題――求職者基礎保障制度を中心に」（『社会政策』8巻2号、2016年）、「制裁の効果と妥当性をめぐる議論――ドイツにおける動向」（『日本労働研究雑誌』713号、2019年）等。

山本麻由美（やまもと　まゆみ）

生活経済政策研究所特別研究員。一橋大学大学院社会学研究科博士課程修了。博士（社会学）。社会保障・社会政策論専攻。著書として『世界はなぜ社会保障制度を創ったのか――主要9か国の比較研究』（共著、ミネルヴァ書房、2014年）、『「厚生（労働）白書」を読む――社会問題の変遷をどう捉えたか』（共著、ミネルヴァ書房、2018年）等。

［編著者紹介］

石塚史樹（いしづか　ふみき）

東北大学経済学研究科・経済学部准教授。東京大学大学院経済学研究科博士課程修了。経済理論専攻。著書として『現代ドイツ企業の管理層職員の形成と変容』（明石書店、2008年）、『ドイツ経済——EU経済の基軸』（共著、ミネルヴァ書房、2019年）、論文として「欧州の人事部—ドイツ企業における人事部・人事担当責任者の役割と企業内地位」『日本労働研究雑誌』698号（2018）等。

加藤壮一郎（かとう　そういちろう）

熊本市都市政策研究所研究員。埼玉大学大学院経済科学研究科博士後期課程修了。博士（経済学）。2014年よりデンマーク政府奨学金給費生としてロスキレ大学・社会グローバリゼーション学部客員研究員、2016年より現職。専攻は雇用・福祉政策、コミュニティ政策。共著に、『コミュニティ——公共性・コモンズ・コミュニタリアズム』（勁草書房、2010年）『千葉市のまちづくりを語ろう』（千葉日報社、2012年）等。

篠田 徹（しのだ　とおる）

早稲田大学社会科学総合学術院教授。早稲田大学第一文学部中国文学科卒業、早稲田大学政治学研究科博士課程中退。比較労働政治学専攻。著書として『世紀末の労働運動』（岩波書店、1989年）、論文として“The Return of Japanese Labor? The Mainstreaming of the Labor Question in Japanese Politics,” *Labor History*, Vol. 49, No. 2, May 2008, “Which Side Are You On?: Hakenmura and the Working Poor as a Tipping Point in Japanese Labor Politics,” *The Asia-Pacific Journal*, Vol. 14-3-09, 2009等。

首藤若菜（しゅとう　わかな）

立教大学経済学部教授。日本女子大学大学院人間生活学研究科単位取得退学。博士（学術）。労使関係・女性労働論専攻。著書として『物流危機は終わらない——暮らしを支える労働のゆくえ』（岩波新書、2018年）、『グローバル化のなかの労使関係——自動車産業の国際的再編への戦略』（ミネルヴァ書房、2017年）、『統合される男女の職場』（勁草書房、2003年）等。

福祉国家の転換
――連携する労働と福祉

2020年4月10日　初版第1刷発行

編者……石塚史樹・加藤壮一郎・篠田 徹・首藤若菜・
西村 純・森 周子・山本麻由美

ブックデザイン……宮脇宗平

発行者……木内洋育

発行所……株式会社旬報社
〒162-0041　東京都新宿区早稲田鶴巻町544
TEL：03-5579-8973　FAX：03-5579-8975
ホームページ：http://www.junposha.com/

印刷製本……シナノ印刷株式会社

ISBN978-4-8451-1625-6